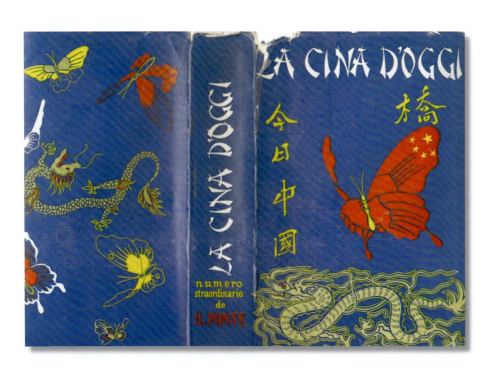

1956 年《桥》特刊《今日中国》书封

LA CINA
D'OGGI

A CURA DELLA RIVISTA " IL PONTE „

1956 年《桥》特刊《今日中国》封面

2020 年《桥》特刊《中国与〈桥〉：65 年之后》封面

2016 年意大利发行邮票，纪念皮埃罗·卡拉曼德雷

逝世 60 周年

贾忆华（中间）与杨绛（左一）、吴学昭（右一）合影
（2011 年拍摄于北京杨绛家中，贾忆华供图）

  杨琳（左三）和乐小悦（右一）与贾忆华（右三）、汉学家狄海冰（Anna di Toro，左一）、意大利古代文明学教授莱亚·奇米诺（Lea Cimino，左二）、汉学家米塔（Maria Rita Masci，右二）合影

  （2018年拍摄于意大利锡耶纳外国人大学举办的国际意大利语教师学会研讨会期间，杨琳供图）

天津市哲学社会科学规划研究项目成果

南开大学外国语学院国别与区域研究译丛 阎国栋 主编

Il Ponte di Amicizia tra Cina e Italia

中意友谊之《桥》

1955年意大利文化代表团成员
笔下的《今日中国》

杨 琳　[意]乐小悦（Letizia Vallini）　主编

天津出版传媒集团

天津人民出版社

图书在版编目(CIP)数据

中意友谊之《桥》：1955年意大利文化代表团成员
笔下的《今日中国》/ 杨琳,(意) 乐小悦主编. -- 天
津：天津人民出版社,2024.8
（南开大学外国语学院国别与区域研究译丛 / 阎国
栋主编）
ISBN 978-7-201-19950-4

Ⅰ.①中… Ⅱ.①杨… ②乐… Ⅲ.①中外关系—国
际关系史—意大利—文集 Ⅳ.①D829.546-53

中国国家版本馆 CIP 数据核字(2023)第 221135 号

天津市版权局著作权合同登记:图字02-2023-047

中意友谊之《桥》：1955年意大利文化代表团成员笔下的《今日中国》

ZHONGYI YOUYI ZHI QIAO：1955NIAN YIDALI WENHUA DAIBIAOTUAN
CHENGYUAN BI XIA DE《JINRI ZHONGGUO》

出　　版	天津人民出版社	
出 版 人	刘锦泉	
地　　址	天津市和平区西康路35号康岳大厦	
邮政编码	300051	
邮购电话	(022)23332469	
电子信箱	reader@tjrmcbs.com	

策划编辑	孙　瑛
责任编辑	张校博
装帧设计	汤　磊

印　　刷	天津新华印务有限公司
经　　销	新华书店
开　　本	710毫米×1000毫米　1/16
印　　张	16
插　　页	4
字　　数	160千字
版次印次	2024年8月第1版　2024年8月第1次印刷
定　　价	98.00元

　　本书的出版获得天津市哲学社会科学规划课题重点项目《20世纪意大利旅行文学中的中国形象研究》(项目负责人:杨琳;项目编码:TJWW18-002)、南开大学中央专项资金项目(人文社会科学类)《天津市哲学社会科学重点研究基地 南开大学区域国别研究中心建设》(项目编号:63202923)和意大利驻华使馆文化处的资助。

总　序

　　南开大学外语学科是我国历史最为悠久、专业最为完备、学术积淀最为深厚的外语学科之一，在海内外拥有良好的知名度和美誉度。南开大学初以"文以治国，理以强国，商以富国"的理念设文理商三科，所有课程分为文言学、数理、哲学及社会科学、商学四组，其中文言学组包括中文、英文、法文、德文、日文五学门。也就是说，南开在建校之初便设立了四个语种的外语专业。1931年南开大学成立英文系，毕业于美国内布拉斯加州立大学并享有"桂冠诗人"之誉的陈逵教授任系主任，次年由柳亚子先生之子、美国耶鲁大学博士、著名学者柳无忌先生接任。1932年底，美国加利福尼亚大学硕士司徒月兰女士来南开大学任教。1937年抗日战争爆发后，英文系随学校南迁昆明，与清华大学和北京大学外国文学系组成著名的西南联合大学外国语文学系。

　　1949年中华人民共和国成立后，南开大学英文系获得新生。1949年增设俄文专业，英文系改名为外文系。1959年周恩来总理回母校视察，在外文系教室与师生亲切交谈，全系师生受到莫大鼓舞。1972年外文系增设日语专业。1979年成立俄苏文学研究室，次年成立英美文学研究室，后来又先后成立了日本文学研究室和翻译中心。

1980年我国实行学位制度以后,英语语言文学学科和俄语语言文学学科获批硕士学位授予权,1986年日语语言文学专业获批。1990年经国务院学位委员会批准,英语语言文学学科获得博士学位授予权。

1997年10月,南开大学外国语学院成立,由原外文系(包括英语、俄语和日语三专业)、国际商学院的外贸外语系、旅游学系的旅游英语专业和公共外语教学部组成。2002年经教育部批准增设法语专业,2003年增设德语专业,2010年增设翻译专业,2014年增设西班牙语专业,2017年增设葡萄牙语、意大利语专业,2019年增设阿拉伯语专业。自此,学院的本科专业涵盖了联合国工作语言(英语、法语、俄语、阿拉伯语、西班牙语)和"一带一路"沿线国家的主要语言,基本具备了更好服务国家与社会、为南开大学的国际化助力的学科基础。

2017年南开大学拔尖人才培养计划"外语专业与人文社科专业双向复合国际化人才培养项目"正式启动,实现了"外语+专业"和"专业+外语"人才培养模式的实质性创新,使南开大学在高素质国别区域研究人才培养方面走在了全国前列。

2021—2022年,英语、日语、俄语、意大利语专业相继成为国家级一流本科专业建设点,翻译、德语、法语、西班牙语和葡萄牙语专业入选省级一流本科专业建设点。

2022年,经学校批准,学院与原公共英语教学部实现深度融合,建立公共外语教学部,自此"十系一部"(英语系、俄语系、日语系、法语系、德语系、翻译系、西班牙语系、葡萄牙语系、意大利语系、阿拉伯语系及公共外语教学部)的格局最终形成。

学院持续推动国际化人才培养,已与美国、英国、加拿大、日本、德国、法国、俄罗斯、乌克兰、奥地利、西班牙、葡萄牙、意大利、巴西、埃及等国的高水平大学建立了密切的合作关系,仅院级交流项目就多达三十余项。在学期间本科生出国留学率位列全校第一,大大开阔了学生的国际视野,显著提升了学生的跨文化交际能力。学院与英国格拉斯哥大学、布里斯托大学、伦敦大学亚非学院以及日本金泽大学的联合研究生院项目也相继启动,持续为本科毕业生提供更多更好的留学深造资源。

2003 年学院获批外国语言学与应用语言学硕士学位授予权。2007 年获批英语翻译硕士专业学位(MTI)授予权。2011 年国务院学位委员会批准学院外国语言文学学科为博士学位授权一级学科,俄语和日语专业获批博士学位授予权。2014 年获批日语翻译硕士专业学位(MTI)授予权。2015 年起在南开大学—格拉斯哥大学联合研究生院联合招收"翻译与专业实践"硕士研究生,由中英双方共同授课和培养。2017 年增设德语语言文学专业硕士点,2021 年增设国别和区域研究方向硕士点,2022 年增设法语语言文学学术学位硕士点,增设俄语口译和法语笔译两个专业硕士方向。自此学院形成了具有 5 个博士授予学科、8 个学术硕士招生方向和 6 个专业学位领域的高层次外语专业人才培养体系。

学院进一步完善科研管理机制,激发学术活力和潜力,学术研究取得长足发展。2003 年设立南开大学外国语言文学学科博士后科研流动站。2016 年组建 7 个跨语种研究中心,即语言学研究中心、外国文学研究中心、翻译学研究中心、区域国别研究中心、中华文化国际传播研究中心、外语教育与教师发展研究中心以及东亚文化研究中心,2023年成立中华诗词外译中心。在全院教师的共同努力下,学院先后获得数十个国家社科基金和教育部人文社科基金立项,其中包括三项国家社科基金重大项目。

近年来,外国语学院始终坚持立德树人的根本立场,发扬南开外语学科的优良传统,不忘初心使命,团结全院师生,锐意进取,努力谋求更快更好发展。学院坚持"外语专长、人文素养、国际视野、中国情怀、南开特色"的人才培养理念和"涉外事务的从业者、国际问题的研究者、人类文明的沟通者、语言服务的提供者"的人才培养目标,凝心聚力,不断提高人才培养质量,努力将南开外院建设成为中国复合型国际化人才的培养基地和样板。

国别和区域研究本来就是外语学科的内涵和实质所在,更是外语学科在新时代适应国家发展需要和服务国家战略的主动作为。2013年国务院学位委员会发布《学位授予和人才培养一级学科简介》,规定外国语言研究、外国文学研究、翻译研究、国别与区域研究、比较文学与跨文化研究为外语学科的五大研究方向。2016年学院成立区域国别研究中心,2017年被认定为天津市人文社会科学重点研究基地,并更名为"南开大学区域国别研究中心"。2021年学院设立"国别和区域研究"二级学科硕士点。2022年国务院学位委员会、教育部印发了《研究生教育学科专业目录(2022年)》,在交叉学科门类下设置"区域国别学"一级学科。

国别和区域研究是对某一国家或者区域所进行的跨学科研究,涵盖历史、政治、社会、文化、经济和国际关系等多个层面,是一种以海外国家或地区为研究对象,涉及所有人文和社会科学学科的综合性学问。国别区域研究既要关注现实问题,还应重视历史问题,既要研究人文科学,还要兼顾社会科学,既要开展国别研究,还应从事区域研究。作为以外国为研究对象的知识领域,国际学术界积累了大量优秀的学术成果。将其中代表性的著作翻译成汉语,无疑是我国"区域国别学"初创阶段的一项非常重要的工作,而来自外语学科的国别区域研究者应充分发挥自身优势,将译介国外最具创新价值和最具文献价值的成果作为责无旁贷的使命。

阎国栋

2023 年 7 月 3 日

1955年意大利访华文化代表团与中方工作人员合影
（拍摄于1955年，贾忆华供图）

代表团团长皮埃罗·卡拉曼德雷

（1955 年拍摄于卢沟桥，贾忆华供图）

序 一

　　这次为南开大学杨琳教授和乐小悦（Letizia Vallini）老师主编的《桥》特刊《今日中国》中文译选作序，我感到非常愉快。对此书出版，意大利驻华使馆文化处给予了资金等方面的有力支持。

　　《今日中国》原为皮埃罗·卡拉曼德雷（Piero Calamandrei）主编的期刊《桥》的特刊，六十多年之后，经他的孙女西尔维亚·卡拉曼德雷（Silvia Calamandrei）重新整理和补充，该书在 2020 年以文选形式再度付梓。原刊出版于 1956 年，即意大利文化代表团访华的次年。这次著名的中国行由卡拉曼德雷率领，成员包括 17 位不同文化领域的意大利著名知识分子，如博比奥（Norberto Bobbio）、卡索拉（Carlo Cassola）、福尔蒂尼（Franco Fortini）。

　　1956 年，《今日中国》在意大利出版。2020 年，《今日中国》选集再版。现在，天津人民出版社推出中文译选，这些对意中文化关系、两国民间交流等诸多方面都有着极其重要的价值。我认为最重要的有以下 4 点：

　　1. 皮埃罗·卡拉曼德雷率代表团于 1955 年访华，当时意中关系疏离，两国尚未建交，各个领域都缺乏交流。六十多年前，这次重要访问铭刻在历史记忆，让意中文化人士相遇相识。他们和他们的后继者所播下的友谊种子，又不断地在岁月里生根发芽，早在正式交往前就开启了长远情谊，并代代相传，直至今日。这鲜活地证明了：我们两国在文化领域如同在商贸和其他领域那样，有着稳固而从未中断的民间关系，这让几个世纪以来"马可·波罗"们和"利玛窦"们的志业，在当下仍得以实现和延续。

2. 在那个年代，不管是意大利人来中国还是中国人去意大利，都几乎是非常困难之事。卡拉曼德雷率领的访华之旅就发生在这样的背景下。杨琳教授在文中引用卡拉曼德雷的话，即文化关系和民间交流先于政治往来的核心作用，在这样一个旅行和面对面交流都十分困难的时代，非常具有现实意义。

3. 将卡拉曼德雷的法学家和"立宪之父"身份展示给中国十分必要。他在访华当年向米兰学生发表著名的"宪法讲话"，至今仍为意大利学校的教学内容。2021年，意大利林琴国家科学院组织了一场国际会议，主题是意大利和中国的法学家对意中外交关系的贡献，其中最具权威、最受赞赏并配有图片展的一篇报告，就是对卡拉曼德雷1955年的中国行和《今日中国》的讨论。卡拉曼德雷之行及其建议得到重视，也就意味着众多中国和意大利法学家多年来普及各自法律体系的工作也得到了尊重。正如卡拉曼德雷所强调的，在法律领域的文化交流有利于加强政治和经济交流。中国与意大利宪法和民法典译本的出版即为证明。

4. 《今日中国》中译本的重要性还在于实用价值。重温书中卡拉曼德雷关于"中意文化关系"的文章就可以发现，它如同北辰，仍在指引着意大利驻华文化参赞推进两国文化关系的方向。早在1956年，卡拉曼德雷就在该文中倡议,通过翻译书籍和期刊来发扬"光荣的汉学研究传统",促进林琴国家科学院和意大利其他科学院、人文学院与中国同行的交流,举办"绘画、雕塑和建筑古迹"展览,"音乐和戏剧也是如此",文末还提出,要推动两国高校教师和学生的交流与意大利语教学。

因此,我代表意大利驻华使馆文化处,衷心感谢杨琳教授和乐小悦老师的工作和成果。她们有志于让中国民众了解这段非凡的访华之旅,认识其对中意两国关系的贡献,并让我们所有人抚今追昔,反思研究和对话的重要性,即使存在视角与立场的差异,仍是加深彼此理解的根本。

意大利驻华使馆文化处 文化参赞

菲德利克·罗伯特·安东内利

(Federico Roberto Antonelli)

(吴诗敏 译)

序　二

在此祝贺由杨琳教授和意大利语外教乐小悦老师主编的《中意友谊之〈桥〉——1955年意大利文化代表团成员笔下的〈今日中国〉》（简称《〈桥〉特刊〈今日中国〉文选》，下同）在中国出版发行。

本书的总策划杨琳教授长期从事中意两国文化交流的研究。2020年在庆祝中意建交50周年之际，在意大利西尔维亚·卡拉曼德雷（贾忆华）女士的协助下，杨琳教授和意大利籍教师乐小悦启动了《〈桥〉特刊〈今日中国〉文选》的翻译和中文版出版工作。这是一件十分有意义的工作，为有关中意建交前意大利政治家、专家学者促进两国人民相互认识、理解和交流的研究提供了重要史料。

之所以说《〈桥〉特刊〈今日中国〉文选》具有重要史料意义是有理由的。

首先，撰写1956年版《今日中国》特刊的作者均为意大利学术界和文化界举足轻重的人物。1955年，应中国人民对外文化协会的邀请，由意大利多党派人士组成的"促进与中国经济、文化关系研究中心"（Centro studi per lo sviluppo delle relazioni economiche e culturali con la Cina）组团赴华访问。该中心专门开会讨论了选择代表团成员的标准，一是具有极高水准，二是最具代表性。团长由《桥》杂志创始人兼主编皮埃罗·卡拉曼德雷先生担任,他是一个在意大利政界、学界极具影响力的人物。卡拉曼德雷先生在1943年1月参与创建意大利行动党,是该党领袖之一。二战结束后,他通过选举进入制宪国民会议,是1948年意大利共和国宪法的缔造者之一。他还是民事诉讼法领域的泰斗级人物,参议员,意大利许多城市有以他的姓名冠名的街道。2023年4月25日,在庆祝第78个意大利解放日之际,意大利共和国总统塞尔焦·马塔雷拉(Sergio Mattarella)在库尼奥发表演讲,专门引用了卡拉曼德雷先生的话:"如果你想继续朝圣,就去我们宪法诞生的地方,去游击队员倒下的山,去他们被囚禁的监狱,去他们被绞死的地方,去那些有意大利人因救赎自由和尊严而死去的地方。年轻人,去那里,因为我们的宪法的理念诞生在那里。"代表团共计18人,包括著名科学家、法学家、哲学家、历史学家、医学专家、作家、画家、记者等。其中有我在1983年认识的著名教授诺尔贝托·博比奥,他被公认为20世纪下半叶意大利思想界的一位标志性人物。他著作等身,主要涉及法政哲学和政治思想史;他博采众长,融会贯通,将哲学、法学、政治学、历史学与社会学中的诸多品质有机打造为一体,并回应20世纪诸多政治事件,形成了自身独特的兼具规范性与实证性的思想体系,是沉思性与行动性思想家之合体的典范。①他有多本著作被翻译成中文,并在中国出版,其中包括:《左与右:政治区分的意义》《共和的理念》《权利的时代》《民主的未来》和《霍布斯与自然法传统》。代表团里还有意大利新现实主义诗派的代表人物

---

① 参阅朱兵:"'改变这个世界':'自由社会主义者'博比奥政治思想片论",载《世界历史评论》,2020年第4期。

弗兰科·福尔蒂尼、著名作家卡洛·卡索拉(他的著名小说《布贝的姑娘》获得1960年斯特雷加文学奖)、著名小说家和编剧卡洛·贝尔纳里(Carlo Bernari,由他编剧的电影《那不勒斯的四天》获得第36届奥斯卡金像奖最佳原创剧本提名)。代表团和邀请方一起商定参观和调研的行程,以满足代表团不同成员的需求。每个人都渴望收集到与其研究对象相关的数据。为了加深意大利政府和人民对新中国的认识和理解,卡拉曼德雷先生还专门邀请长期在中国的其他国家的文化界名人为《今日中国》特刊撰稿,其中包括被称为"中国的十大国际友人"之一的新西兰著名教育家、作家路易·艾黎(Rewi Alley)。

其次,代表团成员渴望认识新中国,他们不带偏见,为《今日中国》特刊撰写的文章内容丰富,观点客观、可信、有深度。作为《桥》杂志主编卡拉曼德雷先生在"马可·波罗桥——《桥》编者序"一文中就开宗明义道:"我们并不奢望这本特刊能对今日的中国作全景式的描绘","只想作为一个见证者和一个开端,让意大利读者得到不受党派目的所左右的初步认识"。代表团成员在华访问整整一个月,参观了北京、上海、杭州和广州,以及中国东北地区的工业中心沈阳、鞍山、抚顺。除了和作家、剧作家、画家等知识分子交流外,他们还深入到炼钢厂、机械厂、矿山、农村合作社、科研机构、法院、养老院、图书馆、博物馆、剧院,采访了许多干部、工人、农民、专家、学者,并就事先准备的调查问卷与被采访者平等交流。他们想了解新中国的渴望是如此的强烈,如同代表团成员著名电影艺术理论家、评论家、导演、编剧翁贝托·巴巴罗(Umberto Barbaro)在"新中国的'上镜性'悖论"一文中写道,"我'看'的渴望是如此强烈,希望客观地去看,几乎到了一种荒谬的程度。我甚至坚决放弃自己的视角,敢于违背自己的习惯,押上所有的赌注。我冒着去看却看不到,也看不懂的风险。最后,我总能自然地、轻而易举地找到正确的视角,我看中国的视角与我的世界观吻合。多么令人欣慰的发现!"巴巴罗还写道:"这次旅行让我不断丢掉那些先入之见,包括偏见和一些陈旧的、错误的想法:这使我感到释然。""通过与这些中国人谈话我确认了我的印象,他们跟你我是一样的。在不同的皮肤下,流淌的血液都是鲜红的。"①代表团成员在二战期间大多是反法西斯主义斗士,所以,他们对中国的反封建反殖民主义斗争、抗日战争、反对国民党腐败政权的斗争给予了同情、理解和支持。如同卡拉曼德雷先生在"看长城那边"一文中所说,"解放对新中国来说首先意味着战争的结束、国家的安定。'军阀'不复存在,不再有强制征兵、军官的掠夺和不休的屠杀。今天整个中国是和睦的";"解放意味着中国人民独立自主,意味着外国势力、殖民统治的终结";"民族的解放伴随着社会的解放。社会主义的经济改造开始了,同时伴随着政治的保障,以保证循序渐进但又不可逆转的发展。还有,从现在开始,把人民从饥饿中解放出来,从各种贫苦的悲惨境地中解放出来。"②总之,尽管代表团包括不同文化背景、教育背景与政治倾向的人们,有着不同的兴趣,"但是每个人得出的结论实质上都是相同的:我们不仅支持新中国,而且真诚地欣赏中国,可以说我们几乎是在感动中访问了中国"。③

---

① 参阅本书第184—185页和188页。
② 参阅本书第97页。
③ 参阅本书第99页。

再次，推进中意建交是代表团访华的另一重要个目的，代表团对新中国的考察和研究对促进中意关系发展起到了重要作用。如上所述，代表团由"促进与中国经济、文化关系研究中心"组成的，他们必定与意大利著名政界人士、二战结束时的意大利前总理费鲁乔·帕里（Ferruccio Parri）[1]联系密切。帕里是意大利行动党领袖、北部抵抗运动志愿自由军团的重要领导人之一。他于1953年成立"促进与中国经济、文化关系研究中心"，希望通过加强中意经济文化交流，实现意大利与新中国建交。带着这样的使命，代表团在出发前通过帕里先生积极与政府沟通，以获取官方的支持。团长卡拉曼德雷先生在"中意文化关系"一文中写道："尽管代表团不具官方性质，也没有在文化领域开展谈判的权力，但每个人都在各自领域以个体文化人身份（大学教授、学者、专家、作家和艺术家）努力，尽力实现加强中意文化关系的目标，因为我们认为这关系到两国共同利益和东西方的合作，而东西方的合作是世界和平的条件。"[2]卡拉曼德雷先生十分重视获得意大利政府的支持并深知他所率领的文化代表团应有的政治价值。当他收到中方邀请却没有获得本国外交部长皮乔尼（Attilio Piccioni）发放的官方护照时，他决定暂停出访中国的计划，以等待时机。1955年5月11日乔瓦尼·格隆基（Giovanni Gronchi, 1887—1978）担任意大利总统，同年7月6日，安东尼奥·塞尼（Antonio Segni）政府上台。此时，意大利官方对华态度和政策开放了许多，代表团的访华计划在这种宽松的气氛中获得了政府的批准。周恩来在万隆会议中展现出来

---

① 费鲁乔·帕里从1945年6月21日到1945年12月8日任意大利总理。
② 参阅本书第105页。

的卓越外交家形象和中国提出的和平共处五项基本原则,深深打动并吸引着代表团成员。他们毫不迟疑地敦促意大利政府与新中国建立外交关系:"如果还像过去十年来意大利政府所做的那样继续忽视中国,就非常愚蠢了。政府坚定地与中国建立外交关系是必然趋势"。[①]

国之交在于民相亲,民相亲在于心相通。而文化交流是达到心相通的必由之路,可以使不同的国家和地区的人们更好地了解彼此的历史、价值观、传统、习俗和文化特点,从而消除误解和刻板印象,增进相互之间的理解和信任。可以说,1955年由卡拉曼德雷先生率领的意大利文化代表团以及《桥》杂志1956年特刊《今日中国》是实践这一理念的先锋,代表团成员及特刊的所有作者对中意两国建交所作的贡献是不容忽视的。

我反复研读着《〈桥〉特刊〈今日中国〉文选》的文章,为作者们,特别是卡拉曼德雷先生的远见卓识而感动,并由衷敬佩。他们的许多观点至今读来,仍然具有十分重要的意义。

关于中意两国关系,卡拉曼德雷先生在"看长城那边"一文中强调:"如果说到有一个民族因其历史和特质而有理由亲近中华民族,那就是意大利民族。"[②]安东内洛·特龙巴多里先生在"人的声音"一文中明确指出:"想要接近中国人的世界,和对待任何一个同样有过半殖民地的、封建历史的国家一样,首先要清除认知中所有偏见的残余。……中国的分量会越来越重,中国对世界发展的走向会越来越

---

① 参阅本书第89页。

② 参阅本书第102页。

重要。因此，了解中国人民首先是一种责任，关乎我们身为文明人的存在，关乎我们生活在现代文化中的能力，关乎我们能否理解民族现代史的发展规律。"①

对于世界文化和政治的多样性，卡拉曼德雷先生认为："在这场震撼世界的重获人类尊严的伟大运动中，不存在抛开历史地理因素而适用于全人类的普遍良方。"

……

这些深知灼见凝聚了意大利文化中最先进代表们的智慧力量。中意建交五十多年，两国关系在各个领域都获得了飞速发展，尤其是在文化交流合作领域取得丰硕成果。但时不时还会受到外界的干扰，出现一些问题。我想重读卡拉曼德雷先生主编的《今日中国》特刊文选有助于两国人民再次增进彼此的理解，取得共识。

感谢卡拉曼德雷先生的孙女、汉学家贾忆华女士，是她提供了珍藏完好的相关原始史料和照片，让我们能够看到六十多年前意大利文化代表团在华活动的真实写照！感谢杨琳教授、乐小悦老师及她们的学生们将《〈桥〉特刊〈今日中国〉文选》翻译成中文并出版，让当今的中国人，特别是中国青年，能够领略中意两国大家的思想、风采和精神！同时，我要对杨琳教授、乐小悦老师和贾忆华女士写出并载入本书的研究论文表示赞赏和认同。

最后，让我们一起重温著名作家老舍为1956年《今日中国》特刊撰写的献词"北京与罗马之间的大路"的最后几句话，以此作为我们

---

① 参阅本书第132页。

进一步开拓和深化中意两国文化关系的方向:"咱们之间的文化交流与人民的往来是多么迫切的需要啊!朋友们,就让咱们交往得更亲密,更多交流一些有利于世界和平的思想与经验吧!条条大路通罗马。罗马—北京确有一条大路,那就是中意两国人民的友谊!朋友们,让我们共同努力把这条大路修得更宽更好吧!"

罗红波①

———————

① 罗红波,中国社会科学院欧洲研究所研究员、博士生导师;南开大学外国语学院兼职教授;黑龙江外国语学院意大利语专业学科建设负责人;中国欧洲学会意大利研究分会会长。研究领域:欧洲/意大利经济与创新政策,中欧/中意经贸关系研究。撰写或主编的专著21部,其中包括:《意大利工业化之路》(两人合著,1991年)、《中小企业王国——意大利》(两人合著,1996年)、《欧洲经济社会模式与改革》(主编,2010年)、《变化中的意大利》(两人主编,2017年)。

序 三

看到1956年《桥》特刊《今日中国》的选集能在中意两国出版,我感到很高兴。特刊是1955年一批意大利知识分子和艺术家访华的成果。该访问亦为两国增进彼此认识、促进文化交流的一次重要访问。访华代表团团长法学家皮埃罗·卡拉曼德雷,是意大利行动党的代表人物,反映抵抗运动精神的意大利宪法的制定者之一。

意大利文化代表团访华与同一年彼得罗·南尼(Pietro Nenni)访华,都可以被视为两个千年古国构建当代关系的里程碑式访问。

在2020年中意建交五十周年之际,我们计划出版意大利文版和中文版的《桥》特刊《今日中国》选集。中意文两个版本将遥相呼应,并传递重要的讯息:我们在继续构建合作的桥梁,增进相互认识。

中意文版的选集内容因目标读者的不同而有所区别,但都收录了老舍的献词。献词由老舍亲笔书写,再由皮埃罗·卡拉曼德雷将其从英文翻译为意大利文。

1956年,皮埃罗·卡拉曼德雷不幸离世,临去世前不到一个月的时间里,他还在为即将访华的新代表团的接待工作而操劳。新代表团团长是"促进与中国经济、文化关系研究中心"的主席费鲁乔·帕里。皮埃罗·卡拉曼德雷在8月24日给儿子弗兰科·卡拉曼德雷

（Franco Calamandrei）的信中写道：

> 你要为他们尽全力，尤为重要的是，让中国朋友了解费鲁乔·帕里对意大利民主的重要性。他对我们来说是抵抗运动的象征，特别是近年来，在面对贫困、孤立的情况下，他一直在国际政治中坚持包容和开放的政治理念。需要让中国人民知道，帕里现在虽然没有正式任职，但他对于整个左翼来说，仍是忠诚于抵抗运动和坚持社会主义进步的象征，意大利也在朝着这一方向前进。[1]

1956年10月，帕里在回国后和卡拉曼德雷一样，呼吁人们将目光投向长城的那边，同中国建立沟通交流之桥。彼时正处于冷战时期，世界被分隔为对立的阵营，但这些人鼓励同胞跨越边界，跳出狭隘的视野。

自1970年中意建交以来的五十多年里，两国扩大、深化对彼此的认识，加强政治、经济、文化交流。

我们希望，《今日中国》中意文选集的出版，能够为深化两个千年古国间的文化关系，为双方友谊长青作出贡献。

贾忆华（Silvia Calamandrei）[2]

2022年2月6日

（王逸霏 译）

---

[1] Piero Calamandrei, *Lettere 1915–1956*, tomo II (Firenze: La Nuova Italia, 1968), pp.504–505.

[2] 贾忆华，意大利蒙泰普尔恰诺市图书馆馆长，《桥》2020年特刊《中国与〈桥〉：65年之后》主编。

前　言

　　1949 年新中国成立后，1970 年中意正式建交前，中意两国在民间层面往来频繁，双方互派大量的文化代表团，对于加强两国关系和促进中意建交起到重要的推动作用。其中，1955 年意大利文化代表团访华是一次代表性的访问活动。团长为意大利著名政治家、法学家、二战后意大利宪法制定者之一皮埃罗·卡拉曼德雷。他在结束访问后，于 1956 年在他主编的期刊《桥》出版特刊《今日中国》。

　　特刊长达 700 多页，内容丰富、有真知灼见、对华友好，涉及中国的政治、经济、文化、社会等方面。需要强调的是，代表团及《桥》特刊，在当时中意未建交的背景下，对意大利人民了解新中国起到重要作用，为中意正式建交积累了民意基础。

　　1955 年意大利访华文化代表团由意大利"促进与中国经济、文化关系研究中心"组织成行。该中心由意大利前总理费鲁乔·帕里在 1953 年建立，集中了以意大利左翼人士为主的多位对华友好的社会各界、各党派人士，以促进意大利与中国建交为宗旨，有力推动了建交前的意中关系。皮埃罗·卡拉曼德雷是该中心活动的积极推动者。1955 年文化代表团对中国的访问目的之一，就是了解新中国，促进两国建立文化交流关系。

1955年9月24日至10月24日期间,代表团访问了北京、沈阳、鞍山、抚顺、上海、杭州和广州等地。18位代表团成员是意大利文化界和科学界的代表,他们回国后,出版了5部游记,发表了大量文章,通过演讲会、座谈会等方式介绍新中国的情况,而影响最大的就是《桥》特刊《今日中国》。特刊有七大部分的内容:中国革命、中国与西方、政治与社会问题、旅行印象、文学选篇、文化信息、文献和中国书评,每部分由数篇文章构成。作者有1955年代表团成员和部分1954年访华的意大利代表团成员,还有一些欧美知识分子和长期在中国生活的国际友好人士。

卡拉曼德雷一家与中国因缘很深。1953年至1956年,皮埃罗·卡拉曼德雷的儿子弗兰科·卡拉曼德雷和儿媳玛丽亚·特雷莎·雷加德(Maria Teresa Regard)作为特派记者,在中国工作、生活多年。弗兰科是意大利共产党机关报《团结报》的驻华记者,雷加德是意大利《我们妇女》和《新驿使报》的驻华记者。他们协助皮埃罗为筹备特刊做了大量工作。弗兰科夫妇的女儿小西尔维亚·卡拉曼德雷在北京生活、上小学,并取了中文名——贾忆华。贾忆华长大后深入学习汉语和中国文化,在意大利翻译出版了杨绛、莫言和苏童等中国作家的作品,成为一名著名的汉学家。

我与贾忆华女士因对1955年代表团的研究而结缘,并成为朋友。那是2017年,我受邀参加意大利锡耶纳外国人大学百年校庆研讨会。在我发言之前,汉学家狄海冰(Anna di Toro)女士提及我研究的20世纪意大利作家游记中的中国形象,还讲到卡索拉和福尔蒂尼这两位作家的名字,而他们正是1955年意大利文化代表团的成员。

贾忆华女士的助手塔蒂亚娜·卡梅罗塔（Tatiana Camerota）也在会场。我的发言刚结束，她就热情地跟我说，贾忆华女士的爷爷就是当年代表团的团长皮埃罗·卡拉曼德雷，卡索拉和福尔蒂尼都是卡拉曼德雷一家的朋友。会后，通过塔蒂亚娜，我和贾忆华取得联系，自此开始互通邮件。2018年我再次赴意大利锡耶纳外国人大学，参加国际意大利语教师学会研讨会，我讲访华代表团成员游记中的中国形象，贾忆华女士专程来听我的发言。那天，我第一次与贾忆华见面，我们一见如故，畅谈了许久。此后我们建立了更加密切的交流、合作。

为纪念2020年中意建交50周年，意大利《桥》期刊出版了由贾忆华主编的1956年特刊《今日中国》的选集《中国与〈桥〉：65年之后》。①同年，我也启动1956年特刊中文版文选的翻译出版工作。《今日中国》文选的中文版与意大利文版的出版将延续20世纪五十年代两国友好交往的友谊。

这本《桥》特刊中文版文选，主要有两部分内容。

第一部分是关于1955年意大利访华文化代表团的5篇论文。

笔者的论文"1955年意大利文化代表团访华及其影响"，分析了1955年皮埃罗·卡拉曼德雷率领的意大利文化代表团访华的历史背景、访问过程和影响。笔者的论文"卡拉曼德雷一家与《今日中国》：见证中意友谊的人文之桥"，回顾了卡拉曼德雷祖孙三代通过《今日中国》特刊与中国结下的友好情谊，论述了他们对加强中意文化交流的重要贡献。贾忆华的论文"《桥》特刊《今日中国》的诞生历程"以意大

---

① Silvia Calamandrei (a cura di), *La Cina e Il Ponte: sessantacinque anni dopo*, «Il Ponte», n.5, settembre–ottobre 2020.

利珍贵的档案和相关人士的通信为基础,再现了代表团成行和《今日中国》特刊筹划的过程,透露了许多鲜为人知的细节。笔者的论文"友谊是志同道合的结果"讲述了包括1955年代表团成员在内的3位意大利作家游记中美好的新中国形象。乐小悦的论文"过去与现在的文化平衡"在中意交往史的大背景下分析了1955年代表团及《今日中国》在超越两国文化偏见、消除误解中的作用。

第二部分,是特刊《今日中国》文选。

首先是1956年《今日中国》特刊的献词、献诗各一篇:老舍代表中国作家协会给1955年意大利文化代表团献词,诗人井岩盾给意大利代表团献诗。

皮埃罗·卡拉曼德雷的编者序"马可·波罗桥",介绍了《今日中国》特刊出版的缘起、代表团访问概况、特刊撰稿人构成、编写特刊的目的。他想通过《桥》特刊,"为铺平和装点这条伟大的文化之路贡献绵薄之力",希望"通过这座桥,中国文化和意大利文化可以再次相遇、相知"。[1]

其余11篇文章选自"中国与西方""政治与社会问题""旅行印象""文化信息"和"文献"5部分。

"中国与西方"主题选了4篇文章:皮埃罗·卡拉曼德雷在"看长城那边"中,呼吁欧洲人应客观认识新中国,去除成见与偏见,跨越西方人为造成的鸿沟,最好"看看长城那边的世界"[2];皮埃罗·卡拉曼德

---

① Piero Calamandrei (a cura di), *La Cina d'oggi*, Numero Speciale de «Il Ponte» (Firenze: La Nuova Italia, 1956), pp.14, 16.

② Ibid., p.71.

雷的"中意文化关系"一文,对中国和意大利在未建交的情况下,怎样加强两国文化往来给出恳切而具体的建议;路易·艾黎的"亚洲世界与拉丁语世界",追溯和解读中国与欧洲的历史交集,通过考古学和文物研究,饶有趣味地揭示中国文化与欧洲文化的联系;安东内洛·特龙巴多里(Antonello Trombadori)的"人的声音"批评了法国和意大利新闻界对中国报道的偏见,揭露偏见背后的民族偏见因素。

"政治与社会问题"主题下有2篇文章:朱塞佩·巴尔别里(Giuseppe Barbieri)的"中国的自然与人"介绍了中国的地貌和景观、人民的生活、中国的资源、新中国的人口问题;皮埃罗·卡拉曼德雷的"女性的解放"一文,介绍了新中国首部法律《婚姻法》,对比旧中国妇女的法律地位和生存状况,评价该法律对改变中国妇女社会地位的重要作用。

"旅行印象"有3篇文章:阿达·马尔凯西尼·戈贝蒂(Ada Marche-sini Gobetti)的"一个伟大民族的仁爱",是她1954年随第一个意大利妇女代表团访华时的见闻,充满感情色彩,对中国友人多有生动描绘,不乏有趣的误解;卡洛·卡索拉在"一所中学"中讲述了他参观一所中学的详细经历;在"新中国的'上镜性'悖论"一文中,翁贝托·巴巴罗从电影工作者的视角,理解和体会中国"风景"与人的美好,中国在他眼中是上镜的。

"文化信息"中的"展览与博物馆",弗兰科·贝兰达(Franco Ber-landa)讲述参观故宫敦煌展的经历,整体介绍新中国博物馆的发展状况,赞赏中国的博物馆与展览事业体现的人民性。"文献"中的"一个二年级小学生的心里话",主人公即皮埃罗·卡拉曼德雷的孙女小西尔维亚。此文以一位意大利女孩的视角,描述她在中国的小学生活的有趣经历、所见所闻。

从思想文化意义上说,《桥》特刊中有生动叙事,有深刻见地,有锋利评论,屡见深入的文化批判和历史幽思,于当时、于当今都有很大的文化价值。特刊可以说是当时意大利有识之士的思想矿藏,是已结晶的思想成果。同时它又有超出时代的意义,是有待挖掘的宝藏,引人深思。当今世界,特刊六十多年前所反思和批判的种种问题,例如西方形形色色的民族偏见与文化傲慢,仍然存在,甚至更为严峻。那么,回溯代表团的历史贡献,研究探讨这些文章,我们就会得到思想借鉴,读者们也会受到新的启发。

本书的意大利文选篇是由南开大学外国语学院意大利语专业首届2017级全体15名同学参与初译,由我和乐小悦老师统一编译、修订的。2018级的吴诗敏同学参与部分文献的整理工作。我和乐小悦老师的每次合作都是愉快的跨文化探索之旅。参与翻译的同学们克服了很多困难,尽自己所能拿出了很好的初译稿,为文选的编写奠定了基础。本书还摘录了学生们的部分译后感。意大利文化代表团成员六十多年前笔下的中国,触动了今日的学子们,激励她们立志成为中意文化交流的桥梁。

感谢南开大学外国语学院院长、南开大学区域国别研究中心主任阎国栋教授的指导。感谢意大利驻华使馆文化处文化参赞菲德利克·罗伯特·安东内利先生和前任文化参赞孟斐璇(Franco Amadei)先生的支持。感谢中国社会科学院欧洲研究所研究员、中国欧洲学会意大利研究分会会长罗红波教授的指导。感谢贾忆华女士提供的

1955年意大利文化代表团的珍贵图片,及她在翻译过程中给予的解答。感谢《桥》编辑部负责人马尔切洛·罗西(Marcello Rossi)先生对文选中文版出版的支持。感谢天津人民出版社孙瑛主任为该书的出版提供的热情帮助。我相信《今日中国》译选的出版能拉近两国人民心灵的距离,加深中意友好的文化交流。衷心祝愿中意两国人民友谊长存!

杨 琳

2022年8月12日

目　录

附　录

I   关于 1955 年意大利文化
代表团的论文

1955年意大利文化代表团访华及其影响[①]

杨 琳

1970年11月6日,中华人民共和国政府与意大利共和国政府签署建交公报,中意两国正式建立外交关系。实际上,两国建立外交关系的愿望由来已久。1949年中华人民共和国成立后,中国和意大利政界、经济界及文化界的诸多有识之士一直在积极推动两国交往。其中,1955年意大利文化代表团访华就是正式建交前两国关系史上的重要事件之一。1955年9月24日至10月24日,以意大利著名法学家、意大利律师协会主席、意大利前国会议员皮埃罗·卡拉曼德雷为团长的18人文化代表团访华。[②]

一、1955年意大利文化代表团访华的历史背景

二战结束后,意大利加入北大西洋公约组织(NATO),在经济、政

---

① 该文是杨琳撰写的《建交前中意关系回顾——聚焦于1955年意大利两个代表团访华及其影响》一文的部分内容,载孙彦红:《意大利蓝皮书:意大利发展报告(2019~2020)》,社会科学文献出版社,2020年,第194—209页。意大利期刊《桥》翻译并转载于2020年纪念特刊《中国与〈桥〉——65年之后》:Yang Lin, "Uno sguardo al passato: il rapporto tra Cina e Italia prima delle normalizzazioni diplomatiche", in Silvia Calamandrei (a cura di), *La Cina e il Ponte: sessantacinque anni dopo*, «Il Ponte», n.5, settembre–ottobre 2020, pp.22–35.

② 《意大利文化访华团自京抵港谈话,中意建立邦交前途乐观》,《文汇报》,1955年10月25日,第5版。

治和外交方面深受美国影响。在这样的国际格局中,中国与意大利无法正式建交。此外,1949年中华人民共和国成立后,意大利国内政党意见迥异,意大利政府内部也就是否承认新中国发生过争论。当时,意大利共产党机关报《团结报》和意大利社会党机关报《前进报》是围绕中意关系辩论的重要阵地。

虽然1970年之前中意两国未正式建交,但是"两国民间文化、经济交往逐渐增加。早在1953年,意大利成立了'促进与中国经济、文化关系研究中心',其宗旨是推动中意友好、发展对外贸易和介绍宣传中国的文化艺术。此后意文化、艺术、妇女、体育、农业、医学和工商界代表团先后访问中国。中国艺术、妇女、文化等代表团先后去意演出和访问"。① 1955年意大利文化代表团访华就是由该中心组织的。

在1954年的日内瓦会议和1955年的万隆会议上,当时兼任外交部部长的周恩来总理充分展现了中国的大国风采,中华人民共和国从此令世界注目。尤其是,中国在万隆会议上提出的和平共处五项原则赢得广泛欢迎。在日内瓦会议期间,中国代表团成员、时任对外贸易部副部长雷任民会见了意大利商业联合会总顾问毛里(Mauri)和可默特公司总经理、意大利行动党成员真蒂利(Dino Gentili)等意大利工商界代表,双方表达了发展两国对外贸易的愿望。②可以说,

---

① 裴坚章主编《中华人民共和国外交史:1949—1956》,世界知识出版社,1994年,第318—319页。

② 《雷任民会见意大利工商界代表谈话纪要(1954年6月13日)》(案卷编号:206-C052),载中华人民共和国外交部档案馆编《中华人民共和国外交档案选编(第一集):1954年日内瓦会议》,世界知识出版社,2006年,第435—436页。

1955年卡拉曼德雷代表团访华,是新中国在国际舞台上初现峥嵘,并且意大利各界也希望与新中国密切联系的大背景下发生的。

二、1955年意大利文化代表团访华始末

1955年,皮埃罗·卡拉曼德雷率领的意大利文化代表团受中国人民对外文化协会的邀请访华,由"促进与中国经济、文化关系研究中心"组织成行。①这不是中华人民共和国成立后首个来访的意大利文化代表团,却是首个"半官方"的意大利文化代表团,出访前获得了意大利政府批准。团长卡拉曼德雷在访问后途经中国香港接受采访时说:"我们是纯粹的文化代表团,在接受邀请访问中国时,曾获得意大利政府的赞同。"②

此次访华代表团的突出特点是人数众多,且在意大利文化界颇具影响力。团长卡拉曼德雷是意大利著名法学家、作家、政治家、佛罗伦萨大学民法教授、佛罗伦萨大学前校长、意大利林琴学院院士、意大利大律师协会主席、国会前议员兼宪法起草委员、反法西斯主义

---

① "促进与中国经济、文化关系研究中心"成立于1953年。中心主任费鲁乔·帕里(F. Parri)是意大利前总理,也是著名的反法西斯主义者。皮埃罗·卡拉曼德雷是该中心成立之初的重要成员之一。参见 Guido Samarani, Laura De Giorgi, *Lontane, Vicine, le Relazioni fra Cina e Italia nel Novecento* (Roma: Carocci Editore, 2011), p.106.

② 参见《意大利文化访华团自京抵港谈话,中意建立邦交前途乐观》,《文汇报》,1955年10月25日,第5版。值得一提的是,1954年,意大利著名文学评论家弗洛拉(F. Flora)在未获政府允许的情况下率领代表团访华,回国后护照被收,弗洛拉曾给意大利内政部写公开信抗议。参见 Guido Samarani e Laura De Giorgi, *Lontane, Vicine, le Relazioni fra Cina e Italia nel Novecento* (Roma: Carocci Editore, 2011), pp.106–107.

者、意大利行动党创始人之一。①卡拉曼德雷在组织访问团时，专门邀请意大利文化和科学界各领域的代表，包括法学家、哲学家、心理学家、作家、记者、画家、汉学家、建筑学家、动物学家、生理学家、病理学家等共18人，目的在于能够从不同角度更专业地反映中国各领域的情况。最终确定的代表团成员包括：意大利广播公司通讯员、作家安东尼切利（Franco Antonicelli），罗马大学病理解剖学副教授贝内代蒂（Ennio Lucio Benedetti），都灵大学哲学教授博比奥，小说家、文学及历史学教授卡索拉，都灵大学化学教授杜里奥（Emilio Durio），米兰大学病理学教授法维利（Giovanni Favilli），米兰大学精神学院院长马尔加里亚（Rodolfo Margaria），米兰大学心理学教授穆萨蒂（Cesare L. Musatti），米兰大学神经学讲师、米兰医学院精神科主任鲁杰里（Giuseppe Ruggeri），画家特雷卡尼（Ernesto Treccani），作家和记者巴巴罗、贝尔纳里、卡科帕尔多（Rocco Cacopardo）、福尔蒂尼、皮齐内利（Corrado Pizzinelli）、特龙巴多里（Antonello Trombadori），汉学家雷日斯女士（Maria Arena Regis），建筑学家贝兰达。②

1955年9月18日，意大利文化代表团从苏黎世乘飞机出发前往中国，途经布拉格、莫斯科、鄂木斯克、伊尔库茨克、乌兰巴托，9月24日抵达北京。在中国期间，意大利文化代表团访问了北京、沈阳、鞍山、抚顺、上海、杭州和广州。在北京，他们参观了名胜、观看了国庆

---

① 《意大利文化访华团自京抵港谈话，中意建立邦交前途乐观》，《文汇报》，1955年10月25日，第5版。

② Piero Calamandrei (a cura di), *La Cina d'oggi*, Numero Speciale de «Il Ponte» (Firenze: La Nuova Italia, 1956), p.14；《意大利文化访华团自京抵港谈话，中意建立邦交前途乐观》，《文汇报》，1955年10月25日，第5版。

庆典、参观了科研机构。在沈阳,他们游览了工业区、工人社区、合作社等地。在上海,他们参观了工人文化宫和小学。

文化代表团访华历时一个月,此后于10月24日出发,经香港、孟买、开罗回到罗马。代表团返回意大利途经香港时,通过报纸表达了对新中国的印象和对中意建交的期待。卡拉曼德雷说:"我个人希望世界上条条大路,都能通向恢复各国间正常关系的目标。我对这件事是乐观的,我希望它在不久的将来就能实现。"①对于此行的目的,卡拉曼德雷强调,"我们此行的目的,是察看中国的文化活动情形。同时,我们希望中国与意大利之间能建立起文化交流关系……这次回去后,我们将把所看到的情形告知政府,并就中意文化交流问题向政府提出建议"②。卡拉曼德雷在回到意大利后,很快就与中国开展文化交流的问题向意大利总理塞尼和外交部部长马蒂诺做了汇报。③

代表团回国后,他们以举行演讲会、座谈会、写文章等多种形式介绍中国情况,发表了大量文章,出版了多部关于中国的游记,包括安东尼切利的《新中国影像》④、贝尔纳里的《中国巨人》⑤、卡索拉的

---

① 《意文化界知名人士访问我国后昨日抵港》,《大公报》,1955年10月25日,第1版。

② 《意大利文化访华团自京抵港谈话,中意建立邦交前途乐观》,《文汇报》,1955年10月25日,第5版。

③ "Una Relazione sul Viaggio della Delegazione Italiana, lo Slancio Civile e i Progressi della Cultura in Cina nel Resoconto dei prof. Calamandrei Bobbio e Favilli", *l'Unità*, 19 novembre 1955.

④ Franco Antonicelli, *Immagini del Nuovo Anno. Taccuino Cinese* (Firenze: Parenti, 1958).

⑤ Carlo Bernari, *Il Gigante Cina* (Milano: Feltrinelli, 1957).

《中国之行》①、福尔蒂尼的《大亚洲》②、皮齐内利的《在长城背后》③以及特龙巴多里的《1955年的中国笔记》④。代表团团长卡拉曼德雷则于1956年出版其主办的政治文化类期刊《桥》的特刊《今日中国》。

三、推动历史的著作——《桥》特刊《今日中国》

皮埃罗·卡拉曼德雷的儿子弗兰科·卡拉曼德雷当时是意大利《团结报》驻中国特派记者，儿媳雷加德是意大利《新驿使报》驻中国特派记者，孙女西尔维亚·卡拉曼德雷当时在中国生活。⑤卡拉曼德雷父子在1954年就开始策划此特刊的筹稿工作。弗兰科·卡拉曼德雷和雷加德为特刊提供了多篇文章。

《今日中国》的开篇是老舍先生代表中国作家协会致意大利文化代表团的献词，其他篇目分别是代表团成员及当时意大利和欧美其他国家的专家、记者对中国政治、经济、社会、文学、文化、对外关系等方面的介绍，另有代表团成员的游记和部分中国现代文学作品译摘，长达700多页。值得一提的是，除了代表团成员的文章，此特刊还收录了意大利和欧美其他国家的专家撰写的专门领域的文章，部分作者是

---

① Carlo Cassola, *Viaggio in Cina* （Milano: Feltrinelli, 1956）.

② Franco Fortini, *Asia Maggiore. Viaggio nella Cina* （Torino: Einaudi, 1956）.

③ Corrado Pizzinelli, *Dietro la Grande Muraglia* （Milano: E.L.I., 1956）.

④ Antonello Trombadori, *Quaderno Cinese 1955* （Roma: Associazione amici di Villa Strohl-Fern, 1999）.

⑤ 西尔维亚·卡拉曼德雷(中文名为贾忆华)现任"孔子课堂"所在地意大利蒙泰普尔恰诺(Montepulciano)图书馆的馆长，是意大利知名汉学家。她热衷于中意友好交流事业，长期在意大利翻译介绍杨绛、苏童等作家的作品。

曾在中国长期生活的外国友好人士。《人民日报》对此做了专门报道。① 在20世纪50年代，意大利国内有关当代中国的材料非常少，这本特刊无疑为意大利读者提供了一个比较全面认识新中国的窗口。

《今日中国》中有许多呼吁加强中意交流的内容，其中最具代表性的是老舍先生的开篇献词和团长皮埃罗·卡拉曼德雷撰写的题为"马可·波罗桥""看长城那边""中意文化关系"的三篇文章。

老舍先生在献词中提出，中意两国人民同为自己的悠久历史骄傲，今日意大利人为和平作着贡献，两国之间的"文化交流与人民的往来是多么迫切需要啊"②，"期待咱们交往得更亲密，更多交流一些有利于世界和平的思想与经验"③。这篇献词的意大利文版名为"北京与罗马之间的大路"，因为老舍先生在文中写道，"'条条大路通罗马'。罗马——北京的确有一条大路，那就是中意两国人民的友谊！"④卡拉曼德雷在"马可·波罗桥"一文中回应了老舍先生的呼吁，希望这本《桥》的中国特刊能成为连接北京和罗马的文化大路。这篇文章中的马可·波罗桥指的是卢沟桥，因马可·波罗曾在游记中描写过卢沟桥。卡拉曼德雷强调桥的象征意义，"通过这座桥，中国文化与意大利文化能够相遇、相知"。⑤

卡拉曼德雷强调了加强中意两国人民交往的重要性。一方面希望意大利政府能够早日与中国建交，另一方面主张两国在正式建交

---

① 《国际文化花絮——意大利著名杂志出中国专号》，《人民日报》，1957年3月28日，第5版。

② *La Cina d'oggi*, op. cit., p.8.

③ Ibid., pp.8–9.

④ Ibid., p.9.

⑤ Ibid., p.14.

之前应加强文化往来。"1955年10月12日,意大利文化代表团受邀与中国文化部副部长对话,探讨系统地加强中意文化关系的可行性。代表团所有成员都参与会见,进行了广泛、友好的交流,形成了一份《备忘录》并交给副部长。在关于中意文化交流问题的对话中,我们主要探讨了两方面的问题:首先是哪些交流可以在没有政府直接干预和协议条件下在私人层面展开,然后这些交流如何可以成为意大利正式承认中华人民共和国、两国建立外交关系的前提。"① 当谈及出版《今日中国》的初衷时,皮埃罗·卡拉曼德雷提出意大利民众应更加客观地了解新中国。"中国拥有世界上四分之一的人口,在接下来的几十年中,世界的命运将会取决于中国。"② 他提出,文化交流活动可以先于外交关系发展,两国的"研究院、大学、科学院、出版社、戏剧表演或艺术机构、学者和艺术家们可以立刻开始以私人方式进行交流"。③ 可以说,卡拉曼德雷的提议与中国领导人提出的民间外交思想不谋而合。

四、结语

1955年文化代表团是新中国成立后来访的首个"半官方"的意大利文化代表团,具有重要的象征意义。在这次访问后,代表团成员纷纷出版图书、发表文章、召开研讨会,介绍在新中国的见闻,不仅促

---

① *La Cina d'oggi*, op. cit., p.122.
② Ibid., p.16.
③ Ibid., p.16.

进了两国人民相互了解，也引起了更多意大利人士，特别是左翼知识分子对中国的兴趣。此次访问拉开了20世纪五六十年代中意两国一系列民间友好访问与交流的序幕，为十余年后两国正式建交做了文化与舆论宣传上的准备，也在一定程度上为两国建交奠定了民意基础。

南尼(右)和皮埃罗·卡拉曼德雷(左)观看国庆游行
(1955年拍摄于北京天安门观礼台,贾忆华供图)

卡拉曼德雷一家与《今日中国》：
见证中意友谊的人文之桥①

杨　琳

在莫兰迪大桥坍塌两年后，2020年8月3日，意大利举行了新桥"热那亚圣乔治桥"的落成仪式。在剪彩仪式上，时任意大利总理孔特（Giuseppe Conte）提到了著名的《桥》期刊："1945年，皮埃罗·卡拉曼德雷创立一份新杂志，其命名很有启示意义：《桥》。作为一位伟大的法学家，作为二战后我们国家精神和物质生活的伟大重建者，皮埃罗·卡拉曼德雷创办杂志的初衷是，用文化的力量，在战后的废墟上，在残破的过去与复兴的未来之间搭起一座桥。"②

实际上，皮埃罗·卡拉曼德雷的《桥》不仅连接了过去与未来，也连接了东方与西方。1955年，皮埃罗·卡拉曼德雷作为团长，带领意大利首个"半官方"的文化代表团访华。1956年，他在其主编的《桥》

① 原载于中国社会科学网。参见杨琳：《卡拉曼德雷一家与〈今日中国〉：见证中意友谊的人文之桥》. 中国社会科学网，2020年. https://www.cssn.cn/gjgc/hqxx/202301/t20230115_5582773.shtml, 最后访问日期：2024年1月20日。（本文在原文基础上增加对出处的注释。——编者注）意大利期刊《别史》翻译并转载：Yang Lin, "La famiglia Calamandrei e *La Cina d'oggi*", *Altrestorie*, 62, novembre 2021, pp.4–6.

② "Nuovo ponte di Genova, tagliato il nastro", *Il sole 24 ore*, 4 agosto 2020, https://www.il-sole24ore.com/art/nuovo-ponte-genova-ultime-notizie-de-micheli-proteggere-persone-che-si-muovono-ADMRphh, 最后访问日期：2022年6月3日。

期刊出版特刊《今日中国》。在特刊中,1955年访华代表团成员、当时意大利和欧美等国家的学者和记者对新中国的政治、经济、对外关系、社会、文学、文化等方面进行了700多页的详细介绍。在20世纪50年代,意大利国内有关当代中国的材料非常少,这本特刊无疑为意大利读者提供了全面认识新中国的窗口。①

一、皮埃罗·卡拉曼德雷与《今日中国》

皮埃罗·卡拉曼德雷在意大利学术界、政治界和文化界具有举足轻重的地位。他是意大利《民事诉讼法典》的主要立法者之一,曾任佛罗伦萨大学校长、林琴学院院士,"二战"后曾任国会议员兼宪法起草委员。1942年,他成为意大利行动党创始人之一。1953年,意大利前总理费鲁乔·帕里成立了"促进与中国经济、文化关系研究中心",希望通过加强中意经济文化交流,实现中意建交。皮埃罗·卡拉曼德雷是该中心的核心成员之一。1955年,他率领的访华代表团正是由该中心组织而成的。皮埃罗·卡拉曼德雷与费鲁乔·帕里在二战期间都是坚定的反法西斯战士,是二战后意大利共和国的缔造者。他们亲近中国,因为中国也是世界反法西斯的主要力量。

特刊《今日中国》的开篇,是老舍先生代表中国作家协会给意大利代表团的献词。原书影印了老舍先生的中文手稿,皮埃罗·卡拉

---

① 杨琳:《建交前中意关系回顾——聚焦于1955年意大利两个代表团访华及其影响》,载孙彦红《意大利蓝皮书:意大利发展报告(2019~2020)》,社会科学文献出版社,2020年,第207页。

曼德雷亲自将其英文稿译成意大利文。作为主编，他本人为特刊撰写了六篇文章，分别是：作为主编回应老舍致辞、推动中意友谊的编者序"马可·波罗桥"，呼吁打破中西方隔阂的"看长城那边"，表达他希望加强中意文化交流、促进中意建交的"中意文化关系"，关于中国政治和社会主题的"有计划的革命""妇女的解放"，论及中国法学的"法官与法律"。他还编写了关于中国的科学活动、北京大学、中国烈士的信件等多篇文献。皮埃罗·卡拉曼德雷为特刊的筹划、编撰和出版付出了大量的心血。"特刊的封面上有一条象征着中国的龙和一只翩翩起舞的蝴蝶……龙象征着力量，而蝴蝶象征着优雅、自由，这是他首次访问中国的印象。"① 在《今日中国》中，皮埃罗·卡拉曼德雷对新中国的未来充满信心："中国拥有世界上四分之一的人口，在接下来的几十年中，世界的命运将取决于中国。"② 他还呼吁更多的西方人去中国看看："欧洲应当与亚洲相遇，重新开始平等、自由的对话。让我们看看长城那边有什么。只要亲眼看一看，我们会发现那里有春天。"③ 他认为《桥》这个刊名在中意文化的交流中具有象征意义，在编者序"马可·波罗桥"的最后，他写道："通过这座桥，中国文化与意大利文化可以再次相遇、相知。"④ 皮埃罗·卡拉曼德雷对中国的远见卓识，在20世纪50年代显得难能可贵，也体现了当时中意虽未建交，但意大利的有识之士渴望与新中

---

① 史克栋：《最忆中华——访意大利汉学家贾忆华》，《人民日报》，2014年6月8日，第7版。

② Piero Calamandrei (a cura di), *La Cina d'oggi*, Numero Speciale de "Il Ponte" (Firenze: La Nuova Italia, 1956), p.16.

③ Ibid., p.72.

④ Ibid., p.16.

国加强联系的强烈愿望。

二、弗兰科·卡拉曼德雷夫妇的中国之缘

1953年到1956年,皮埃罗·卡拉曼德雷的儿子弗兰科·卡拉曼德雷和儿媳玛丽亚·特雷莎·雷加德作为特派记者在中国工作。弗兰科·卡拉曼德雷是意大利共产党《团结报》的驻华记者,玛丽亚·特雷莎·雷加德是意大利《我们妇女》杂志和《新驿使报》的记者。夫妇二人在二战期间参加过反法西斯抵抗运动。"当时新中国成立不久,中意两国尚未建交,弗兰科夫妇和其他意大利媒体的报道对意大利人民了解中国、促进两国经济文化的交流,发挥了良好的作用。"①

弗兰科·卡拉曼德雷和玛丽亚·特雷莎·雷加德参与了《今日中国》的策划和撰稿工作。早在1954年,皮埃罗·卡拉曼德雷和弗兰科·卡拉曼德雷父子就开始通信筹划特刊。作为驻华特派记者,弗兰科·卡拉曼德雷和妻子玛丽亚·特雷莎·雷加德掌握了第一手资料,为《今日中国》撰写了多篇关于中国文化概况的文章:"教育体系""科学""考古研究""绘画""手工艺术""戏剧""音乐和舞蹈""电影"。

三、西尔维亚·卡拉曼德雷:中意友谊传承者

皮埃罗·卡拉曼德雷的孙女西尔维亚·卡拉曼德雷,1953年随父

---

① 吴学昭:《爱的厉害……怎么说?》,《文汇报》,2011年7月17日,第6版。

母来中国时,刚满6岁。她在中国上幼儿园和小学,"老师还给她起了贾忆华这个中文名字"。① 在《今日中国》中,皮埃罗·卡拉曼德雷记录了小孙女贾忆华在中国小学的学习生活,并写了"一个二年级小学生的心里话"。他写道:"这些内容是西尔维亚去年10月在北京给我讲的。"②

1955年,皮埃罗·卡拉曼德雷带领代表团访华,是1953年弗兰科·卡拉曼德雷携妻子和女儿来到中国后,祖孙三代的第一次团聚。贾忆华1956年随父母回到意大利。青年时期继续学习中文,后来成为一名汉学家,翻译和出版杨绛等中国作家的作品。贾忆华现在担任意大利蒙泰普尔恰诺市图书馆馆长。图书馆以皮埃罗·卡拉曼德雷命名,是中国国家汉语国际推广领导小组办公室的汉语角所在地。

2020年,为纪念中意建交50周年,在贾忆华的推动和策划下,《桥》在2020年9月期出版她祖父1956年主编的4月期特刊《今日中国》的文选。这期新特刊名为《中国与〈桥〉:65年之后》,由贾忆华本人主编。

新特刊选取了1956年特刊的部分文章,同时也增加了新的内容。贾忆华撰文详述1956年特刊的诞生过程。特刊还包括笔者发表在《意大利蓝皮书:意大利发展报告(2019~2020)》的文章"建交前中意关系回顾——聚焦于1955年意大利两个代表团访华及其影响"。南开大学首届意大利语班全体学生在翻译1956年特刊文选后写下的感想集,也收录其中。现任中南财经政法大学的法学专家、中

---

① 史克栋:《最忆中华——访意大利汉学家贾忆华》,《人民日报》,2014年6月8日,第7版。
② *La Cina d'oggi*, op. cit., p.678.

国意大利学者协会会长伊万·卡尔迪罗（Ivan Cardillo）为特刊撰文"论卡拉曼德雷和博比奥对中国司法制度的现实性思考"。北京外国语大学意大利语教研室主任、中国意大利语教学研究会会长文铮为新特刊封面题字"桥"。此外，皮埃罗·卡拉曼德雷在1955年访华的旅行笔记首次出版。

四、通向中意关系美好未来的"桥"

在1956年《桥》特刊《今日中国》出版几个月后，9月27日，皮埃罗·卡拉曼德雷因病逝世。《今日中国》成为他宝贵的文化遗产。皮埃罗·卡拉曼德雷对中意关系发展产生了深远的影响。卡拉曼德雷一家与《今日中国》的故事，印证了特刊篇末时任北京政法学院副教务长雷洁琼给皮埃罗·卡拉曼德雷的致辞："你的国家很美丽，希望你的'桥'将领导意大利人民使意大利更美丽。希望你的'桥'将中意人民的友谊得到增进，文化交流得到发展。"① 2020年，在中意建交50年之际，新特刊《中国与〈桥〉：65年之后》的出版正是对中意人民友谊和中意文化交流发展的最好见证。

卡拉曼德雷一家三代亲历了中意关系在建交前和建交后的发展。今天，在贾忆华的努力下，中意两国的学者与学生通过新特刊《中国与〈桥〉：65年之后》，延续两国友好交往的传统。中国第一个重点综合类大学开设的意大利语专业——南开大学的首届意大利语

---

① *La Cina d'oggi*, op. cit., p.727.（1956年3月11日，时任北京大学政法学院副教务长的雷洁琼，随中国妇女文化代表团访问意大利时，写于佛罗伦萨。——编者注）

毕业班全体学生来完成《今日中国》文选的中文翻译,具有象征意义。年轻的学子们是中意关系下一个50年发展的新生力量。皮埃罗·卡拉曼德雷架起的"桥",将进一步见证中意友谊关系不断走向更美好的未来。

皮埃罗·卡拉曼德雷和妻子阿达、孙女西尔维亚(贾忆华)

（1955年拍摄于北京，贾忆华供图）

弗兰科·卡拉曼德雷和女儿西尔维亚(贾忆华)

（1956年拍摄于北京，贾忆华供图）

玛丽亚·特雷莎·雷加德和女儿西尔维亚(贾忆华)

(1956年拍摄于北京,贾忆华供图)

西尔维亚（贾忆华）肖像照

（1954年、1974年拍摄于北京，贾忆华供图）

《桥》特刊《今日中国》的诞生历程①

贾忆华②

为了还原《桥》特刊的诞生历程,我参考了一些新的资料:其一,收藏于参议院档案馆的弗兰科·卡拉曼德雷和玛丽亚·特雷莎·雷加德的档案,特别是关于他们从 1953 年至 1956 年间在中国生活的卷宗,及他们与皮埃罗·卡拉曼德雷之间的通信;其二,收藏于佛罗伦萨的托斯卡纳抵抗运动史与当代历史研究所(ISRT)的皮埃罗·卡拉曼德雷档案,其中,编号为 12 号和 13 号的两个大文件夹中保存着关于中国、1955 年访问和《桥》特刊相关的资料。

---

① 原载于 *Il Ponte.* 参见 Silvia Calamandrei, "La costruzione del numero speciale del Ponte «La Cina d'oggi»", in Silvia Calamandrei (a cura di), *La Cina e Il Ponte : sessantacinque anni dopo,* «Il Ponte», n.5, settembre–ottobre 2020, pp.8-21.

② 西尔维亚·卡拉曼德雷(Silvia Calamandrei,中文名为贾忆华),生于 1947 年,1969 年毕业于罗马大学当代史专业。1953 年至 1956 年,在北京上幼儿园和小学。1974 至 1975 年,继续学习中文,获奖学金并在北京语言学院(现北京语言大学)学习。贾忆华翻译了张辛欣、杨绛、苏童和莫言等人的文学作品,还主编了多种有关中国历史和文化的出版物。担任意大利蒙泰普尔恰诺市图书馆馆长(该图书馆以其祖父皮埃罗·卡拉曼德雷命名),组织了很多有关中国文化的活动和研讨会。其父弗兰科其母玛丽亚·特雷莎·雷加德,在 20 世纪五十年代作为特派记者在北京工作。其祖父即《桥》期刊创始人和主编皮埃罗·卡拉曼德雷,法学家,在 1955 年率领意大利文化代表团来到中国。——编者注

一、1954年的策划

从皮埃罗与其子弗兰科的通信中不难看出,他们1954年初就开始策划出版一期《桥》的中国特刊。弗兰科夫妇于1953年10月到北京。弗兰科任《团结报》驻中国的特派记者,其妻玛丽亚·特雷莎·雷加德为《我们妇女》和《新驿使报》的驻华记者。皮埃罗在评价弗兰科草拟的方案时表示,他希望中国特刊不会像苏联特刊那样,"弗兰科·文图里(Franco Venturi)曾向我保证,但仍然没有下文"。问题在于特刊不应该出现使读者不信任的信息。①

皮埃罗的想法是编写"一期基本上都是关于文化的特刊","不仅是他人讲述的文化,而且是由中国当代作品体现的文化"。②目的是"让意大利公众舆论明白,意大利不能再忽视新中国,特别是不能忽视新中国的文化,这是理所当然、责无旁贷的"。

在7月14日从北京的来信中③,弗兰科认可了皮埃罗的设想,并建议将一些主题加以整合,例如扫除文盲和恢复民间习俗。还提出了一个方案,主要涵盖译文、研究中国的专家文章、汇编、统计资料及书目。弗兰科在来信中承认,因为忙于为《团结报》撰写越南奠边府战役的报道,中国特刊的编撰工作被迫推迟,也许到年底才能完成。

然而,正如皮埃罗在8月3日给弗兰科的信中所说,有"新情况"

---

① 17 febbraio 1954, a Franco Calamandrei, in P. Calamandrei, *Lettere 1915–1956*, tomo Ⅱ (Firenze: La Nuova Italia, 1968), p.397.

② Ibid., pp.406–409. 19 giugno 1954, a Franco Calamandrei.

③ Archivio storico del Senato della Repubblica, Fondo Calamandrei Regard.

促使皮埃罗加快工作进度。"中国中心"①已经扩大到了所有党派的人,"从班菲(Antonio Banfi)到特拉奇尼(Umberto Terracini),还有拥护君主制的贝加米尼(Alberto Bergamini)、瓜里利亚(Raffaele Guariglia)和德·弗朗西斯科(Giuseppe De Francesco)。在第一次会议上,帕里和我都在,一些天主教民主党人也在其中"。②盖塔诺·萨尔韦米尼(Gaetano Salvemini)听到这一消息后,在8月14日的信中表示"愤慨"。

1954年8月14日

我得知你加入了班菲的中国委员会(即共产党领导的中国,在共产党领导中国前,班菲从未对中国感兴趣)。

还有和你一起加入的帕里和拉吉安蒂(Carlo Ragghianti)。你们当中难道没有一个人发现,与你们一同加入的还有德·弗朗西斯科、瓜里利亚、德·路易吉(Giovanni De Luigi)[让可怜的马里内利(Oddo Marinelli)在这几年受苦的邪恶的法西斯分子]、德拉·托雷塔(Pietro Tomasi della Torretta)(超越一切赞美的名字)?

你们难道没有想到"物以类聚,人以群分"那句谚语吗?你们难道没有想到,像班菲这样的共产党员已经习惯了1944年陶里亚蒂(Palmiro Togliatti)在协议表决中的"妥协"策略?为追随班菲而使我们与萨拉盖特(Giuseppe Saragat)分裂值得吗?

---

① "中国中心",即"促进与中国经济、文化关系研究中心"。——编者注
② *Lettere 1915–1956*, op. cit., p.416.

请原谅我的愤怒。然而我视你为挚友。①

11月底将举办一场学术研讨会,皮埃罗希望《桥》特刊能够同时出版。在研讨会上皮埃罗本人想谈谈当时中国的宪法与司法体系,便让弗兰科给他提供相关材料。

二、护照事件

1954年9月,在中国人民对外文化协会的邀请下,出现了让皮埃罗出访中国的可能性。帕里作为"中国中心"的主席,也受到邀请。然而,皮埃罗·卡拉曼德雷没有获得时任外交部长皮乔尼发放的官方护照,他宁愿放弃访问中国的机会。谢尔巴(Mario Scelba)政府反对代表团访华。"中国中心"的主任塞尔焦·塞格雷在1954年9月8日的一封信中就提及此事。

尊敬的教授:

尽管帕里教授一再请求,但截至目前,皮乔尼部长对代表团访华之事一直未予积极回应。

部分代表团成员指出,即便没有政府许可,他们照样决定接受邀请。

工作委员会再次开会,讨论如何处理此事,"中国中心"认为

---

① Archivio Istituto Storico Toscano della Resistenza e dell'Età Contemporanea (ISRT), Archivio Calamandrei.

不能反对个人接受邀请。

接下来的几天,特拉奇尼参议员仍将尝试说服谢尔巴总理,但我不知道会有什么结果。

我将这个消息告知您,静候您的决定。①

9月9日,卡拉曼德雷写信给帕里说:"我不想违背高层的意愿,带着反叛的姿态出发。不仅因为我作为一个大学教授可能会招惹一些小麻烦,更重要的原因是,我认为这种违背政府意志的做法,会给'中国中心'赋予更多共产党活动的特征。我们应该尽量避免这种情况的发生。"②

9月15日,帕里回信写道:

亲爱的卡拉曼德雷:

具有讽刺意味的是,中国问题实际上是意大利的问题。意大利政府失灵,不知道自己想要什么。由于部长保持被动的沉默,我转而给谢尔巴写信(我认为特拉奇尼没有采取任何行动)。遗憾的是,没有任何回复。等我回到罗马后再给你写信,看看能给你写什么。但我不得不再次离开,却无法给你任何解释。

也许你知道了,一些人还是准备出发,比如弗洛拉(Francesco Flora)、斯拉法(Piero Sraffa)和特拉奇尼。至于其他人——西弗里(Raffaele Ciferri)、科拉迪尼(Enrico Corradini)和德·马尔科

---

① ISRT, Archivio Calamandrei.
② *Lettere 1915–1956*, op. cit., p.420.

（De Marco）——我认为他们没有政治色彩，他们确信可以免受关于护照方面的政治报复。无论如何，等我回到罗马后，我会让政府知道代表团出发的消息。你的意见是绝对正确的，在"中国中心"层面（中心要继续工作），我们要避免采取与政府有争议的立场。在我看来，这个代表团人数较少，无论如何都不具备孤立者的反叛特征。而且，如果你加入这个代表团中（我认为你也可以缩短你的逗留时间），我会很高兴。如果这样的话，毫无疑问，这个小型代表团访华会有一种与众不同的意义，一种我们所希望的政治价值。如果你能前往的话，对"中国中心"来说也很有意义，你可以在米兰的研讨会上讲述划时代的见闻。既然你征求我的意见，我觉得你们可以放心地出发。很遗憾，因为我无法参加代表团，所以不能用这一条来说服你。对我来说，这段时间确实是不可能的。①

皮埃罗在9月17日给弗兰科的信中提到，一部分人在特拉奇尼的率领下出发了。皮埃罗对于无法与家人在北京团聚感到遗憾，但他重申，缺少官方认同，会使代表团失去政治意义。②然而，皮埃罗还是希望他的期刊能够成为第一个出版中国特刊的刊物，他担心跟特拉奇尼一起出发的友人弗兰切斯科·弗洛拉会先其一步行动。③

皮埃罗继续计划年底在"中国中心"的研讨会上发言，谈谈中国

---

① ISRT, Archivio Calamandrei.
② *Lettere 1915—1956*, op. cit., p.422.
③ 弗洛拉的旅行笔记在1956年《桥》特刊上发表，皮埃罗对此感到满意。

的宪法体系和司法。皮埃罗问弗兰科一些关于中国的问题,弗兰科将给他发一系列资料,内容涉及宪法、婚姻法、选举法。弗兰科还见到了弗洛拉,中国给弗洛拉留下了"非常深刻的正面印象"。[1]

年底的时候,皮埃罗告知弗兰科推迟出版《桥》的特刊,但在他脑海中已经有了范围更广的合作者人选[2],这已不仅是委托给弗兰科和玛丽亚·特雷莎·雷加德的一项任务。二人将已收集到的所有材料寄给他,而且有一些最近返回的代表团成员,例如阿达·亚历山德里尼(Ada Alessandrini),也向皮埃罗提供了一篇关于宗教的文章。[3]

在次年2月的回信中,弗兰科提供准备寄送的资料(考古研究、手工业、文字改革),以及来自官方资料的概况信息。[4]其余资料,即有关文学、教育、戏剧、电影、音乐、舞蹈、绘画、文献目录和带有作者注释的文学选集,还在准备之中。至于皮埃罗提及的意大利和欧洲作者的合作,弗兰科写道,将明确地反映"各种意见与政治观点"。因此,他建议保留个别"有争论性"的信息。最后,他提议将美国历史学家爱泼斯坦(Israel Epstein)和新西兰诗人路易·艾黎作为在北京的合作者。[5]

---

[1] Archivio storico del Senato della Repubblica, Famiglia Calamandrei Regard, serie 4 attività giornalistica, sottoserie 1 Franco Calamandrei, fascicolo 21, lettera del 3 ottobre 1954.

[2] *Lettere 1915–1956*, op. cit., p.442.

[3] 该文在1956年特刊上发表。

[4] Archivio storico del Senato della Repubblica, Famiglia Calamandrei Regard cit., 27 febbraio 1955.

[5] 事实上,他们将为1956年特刊供稿。

三、1955年访华以及帕里的作用

在帕里主持的"中国中心"的推动下,出现一次新的访问的可能性,特刊的计划随之改变。帕里坚持谋求与中国建立文化关系的努力终于得到了回报。正如切莱斯特·高迪诺(Celeste Gaudino)参考了收藏于国家档案馆中的帕里的笔记,[①]在毕业论文中追溯的那样。[②]

我们引述切莱斯特·高迪诺的论文来回顾该事件:

"'中国中心'发起的第一个有特别意义的活动,就是在1955年组织意大利知识分子代表团访华。时任中国人民对外文化协会秘书长陈忠经向帕里发出了访问邀请。

亲爱的先生:

我谨代表中国人民对外文化协会,很荣幸地邀请贵中心组织一支由15人组成的代表团,于今年9月初来华进行为期一个半月的访问活动。[③]

1954年7月22日,会议讨论了挑选各代表团成员的标准,大家

---

① Ferruccio Parri, *Appunti autografi*, Archivio centrale dello Stato, fondo Parri, b. 130, fasc. 635.

② Celeste Gaudino, *La Cina degli anni cinquanta vista con gli occhi dei visitatori italiani* (Tesi di Laurea Magistrale, Università Ca' Foscari di Venezia, anno accademico 2009–2010; relatore Roberto Peruzzi, correlatore Laura De Giorgi).

③ Archivio centrale dello Stato, fondo Parri, b. 97, fasc. 431, Lettera di Chen Zhongjing a Parri.

认为应挑选一些最具代表性的人物。①候选人名单将被提交委员会，委员会以多样性为标准来筛选代表团成员。这是对中国的正式访问，代表团应具极高水准，成员应包括科学家、政治家和记者。代表团由皮埃罗·卡拉曼德雷率领，参加出访的代表团成员有：作家兼记者弗兰科·安东尼切利，作家兼影评人翁贝托·巴巴罗，小说家兼记者卡洛·贝尔纳里，建筑师兼城市规划师弗兰科·贝兰达、大学教授恩尼奥·卢乔·贝内代蒂，哲学家、法学家兼大学教授诺贝托·博比奥，记者罗科·卡科帕尔多，作家卡洛·卡索拉，化学家埃米利奥·杜里奥，病理学家乔瓦尼·法维利，文学评论家兼诗人弗兰科·福尔蒂尼，动物学家卡洛·乔奇，生理学家鲁道夫·马尔加里亚，心理学家切萨雷·穆萨蒂，记者科拉多·皮齐内利，神经精神病学家朱塞佩·鲁杰里，汉学家玛丽亚·阿雷纳·雷日斯，画家埃内斯托·特雷卡尼以及艺术评论家安东内洛·特龙巴多里。"②

皮埃罗在8月19日写给圭多·拉法埃利（Guido Raffaelli）的信中提及这次访问，"不排除我们会在9月中旬去中国的可能，但是今年所有的努力成为泡影也很有可能"。③

从皮埃罗与可能的参与者波比奥的通信中可以看出，是否赶在8月出访还是不确定的。④8月28日，皮埃罗在给他的信中说道："现在还没有中国的消息，你呢？"

---

① Archivio centrale dello Stato, fondo Parri, b. 97, fasc. 431, Verbale riunione 22 luglio 1954.

② ISRT, fondo Calamandrei, filza 3, fasc. 2.

③ *Lettere 1915–1956*, op.cit., p.465.

④ Norberto Bobbio e Piero Calamandrei, *Un «Ponte» per la democrazia. Lettere 1937–1956*, a cura di Marcello Gisondi（Roma: Edizioni di storia e letteratura, 2020), p.50.

皮埃罗还向帕里打探消息,并坚持让妻子阿达(Ada Cocci)也参加此次访问,因为阿达渴望去北京与家人团聚。7月31日,帕里给皮埃罗回信说明一些复杂的政治情况,还夹带着对朋友善意的调侃。

现在的情况相当复杂。"从月亮上来的"中国人向罗马派了四个代表团,好像四种不同口味的冰激凌。(意大利将对等派出的)第一个是技术类的代表团,将在明年讨论。第二个是工商业代表团。现在持谨慎态度的塞尼政府已被说服,我亦谈过此事。我认为他们应该会在9月份到达。第三个是政治议会代表团,由于天主教民主党阻挠可能有"红色成员"的混合代表团,我和塞尼讨论,希望能缓和与他们的关系。塞尼这几天应该会回复,但也很可能延迟。看来,如果法国议员要在秋天去北京的话,他们可能在秋天才会做决定。

塞格雷提供了调查问卷,并收集了八至十份正面答复,应该会在一个月后被审查。政府内部的立场迥异,不是因为内政部长难以接受,而是因为国际形势和塞格雷的存在。马蒂诺想尽办法确保一切顺利。在谢尔巴时期,护照就已经归还给了龙蒂尼(Ambrogio Rotini),并同意归还给弗洛拉(但弗洛拉已下定决心不接受政府的道歉)。对于你的事情我是很有把握的,但是要想确保十拿九稳,需要你跟塞尼说一声。或许你更希望我跟塞尼说一声。

至于阿达女士,我认为她参与进来没有任何问题。我不知道塞格雷去哪了,因此我无法跟他确认。但是无论如何我会让他写信，跟他说一下总是妥当的，这样更有确定性。无论如何，中国领导人要接见的应该是阿达夫人，而她的丈夫只是碰巧被允许同行罢了。

…………

如果你在波韦罗莫赶巧遇到了莱奥·瓦利亚尼(Leo Valiani)，请告诉他，如果他想等着陪同卡拉曼德雷夫妇，就该让我知道他跟中国方面的沟通有哪些困难，他想要跟代表团一起出发，还是想自己出发。如果他有足够的理由加入我提到的第四个代表团——经贸代表团，他应该与罗马保持联络，尤其要联络最近正考虑此事的对外贸易部。如果我能联系到他的话，我可以为他提供一些信息。

我帕里不会跟你们一起出发，因为我不得不考虑个人因素。9月和10月期间政治活动密集，也许很有意思。不过我会很忙。

平安与快乐与你们同在，祝安。

…………

出发的日期仍是问题。中国方面提出代表团应在15日到18日到访，其间会有不少代表团从莫斯科涌来，需要做接待方面的准备。

波比奥教授(或许还有安东尼切利)需要稍晚些到。他们这些打算晚些出发的人，可以约好一起从米兰前往苏黎世，而后在布拉格跟大队伍会合。看来需要将莫斯科定为总会合地点。我也将这些行程告诉了塞尼，他表示赞成。政府也没有反对。为获得官方的而非私人的许可，这些天我会再向前推进一步。①

9月14日，这次访问终于得到了确认，波比奥也确定加入代表团。

亲爱的卡拉曼德雷，我现在就从罗马回来。首轮的面试工作（或者说争论）算做完了，考试被推到遥遥无期。我就不再犹豫，到了17号，我将同其他人出发去中国。你们和我们一块走，还是过几天再出发？不管怎样，就算我们不能一起前往中国，我们也会再次相遇。我非常期待与你们同行。

意大利政府对访问的批准，是在更为宽松的气氛中实现的。在万隆会议中，周恩来展现了卓越的外交家形象。《桥》7月刊上发表了阿尔多·卡皮蒂尼（Aldo Capitini）的一篇文章，强调印度和中国的上升地位。②正是周恩来邀请了意大利社会党总书记南尼参加10月1日的庆祝活动，鼓励更多意大利人与中国对话，期望意大利发挥开拓性的作用。

这次访问可能只是通过电报提前告知了弗兰科，而此时弗兰科正准备和玛丽亚·特雷莎访问西藏。当皮埃罗和阿达到达北京后，没有家人来迎接。皮埃罗的失望之情流露在旅行笔记中。在写给保罗·巴里莱（Paolo Barile）的一封信中，皮埃罗也提到了这件事，"让人

---

① ISRT, Archivio Calamandrei.
② Aldo Capitini, "La conferenza di Bandung", *Il Ponte*, n. 7, luglio 1955, p.1045ss.

感到意外的是,我们到这儿也是为了看儿子,结果弗兰科在西藏,他和妻子从北京出发要旅行大概二十天"。①

访问途中,皮埃罗在上海与从西藏回来的弗兰科重逢。在弗兰科为皮埃罗的《日记》一书撰写的前言中,记录了父子重逢的温馨时刻,也提到父子将重启先前的合作。

> 我最后一次见到他,是在1955年10月的上海……在昔日外国租界摩天大楼的酒店房间里,我们面对面畅谈了几个小时。……我和父亲相信,一个能够给人类和各民族带来解放的、更为美好的世界,必将到来(抑或是他和我的幻想?)。我们思想的碰撞从未如此和谐。我感到,他在国际大势上憧憬着一种新的社会和社会主义前景。让他充满希望和喜悦的是:他看到的中国,为他实现理想提供了可能。回国后,他将在中国的见闻,热情洋溢地书写在《桥》的特刊中。②

卢卡·波莱塞·雷马吉(Luca Polese Remaggi)在一篇内容丰富的论文中,谈到了1955年欧洲知识分子如何看待新中国。③该文很好

---

① *Lettere 1915–1956*, op. cit., p.470.

② Franco Calamandrei, "Piero Calamandrei mio padre", in Piero Calamandrei, *Diario 1939–1945* a cura di Giorgio Agosti (Firenze: La Nuova Italia, 1982), pp.XVIII–XIX.

③ Luca Polese Remaggi, "Pechino 1955. Intellettuali e politici europei alla scoperta della Cina di Mao", *Mondo contemporaneo*, n.3, 2010. 此文对该重要年度的不同代表团进行有趣的对比,例如,让·保罗·萨特和西蒙·德·波娃的代表团,《精神》期刊的合作者保罗·利科和韦尔科斯的代表团。后两位还为《桥》特刊撰文。这些知识分子间的互动,使西蒙·德·波娃在其《长征》书中,提到法学家卡拉曼德雷在中国见到她时,向她确认中国的司法是独立的。[Simone de Beauvoir, *La Longue Marche* (Paris: Gallimard, 1957).]

地捕捉到了行动党知识分子对中国的看法。在欧洲范围内抵抗运动最先进的内容失败后,行动党知识分子将失望之情转移和升华为对中国的想象。这一观点对弗兰科·安东尼切利很适用,他坚信中国革命已经使人民成为"他们新历史的主角"。[1]但这一点更适用于卡拉曼德雷,他将行动党的这种设想投射到中国,用马志尼[2]的语气将民族解放和社会解放结合在一起。

四、处理访问材料、收集稿件和文献资料

皮埃罗督促一同访华的同事和其他合作者,使特刊得以在难以想象的短时间内编写完,并赶在1956年4月出版。对皮埃罗来说,这是个"奇迹之年"。这一年,他见证了宪法法院的诞生,他在对达尼洛·道尔奇(Danilo Dolci)的诉讼中担任辩护律师,他与拉·皮拉(Giorgio La Pira)竞选佛罗伦萨市长。但是,正是在该年9月,皮埃罗·卡拉曼德雷不幸逝世。

在佛罗伦萨的托斯卡纳抵抗运动史与当代历史研究所中,存放着两个标有"中国"字样的厚重文件夹。里面的材料记录着代表团返意后的丰富活动,包括新闻剪报中代表团成员的文章、约稿邀请、往来信函、通讯社收集的照片。

档案中除了卡索拉、特雷卡尼的文章和登在各日报上的文章,还

---

[1] Franco Antonicelli, *Immagini del Nuovo Anno. Taccuino Cinese* (Firenze: Parenti, 1958), p.189.

[2] 朱塞佩·马志尼(Giuseppe Mazzini, 1805—1872)。意大利革命家,民族解放运动领袖,意大利建国三杰之一。——编者注

有1956年11月19日《前进报》的剪报,报道了卡拉曼德雷、波比奥和法维利关于此次中国之行的新闻发布会。新闻的副标题是"西方和意大利"在新中国"伟大文明进程中的缺席",可见作者的不赞成态度。

档案中还有一些关于代表团的文章的中国新闻剪报,并存有代表团与中国对外文化联络局周楠①女士的来往信件。正是她组织接待代表团,并为他们规划访问路线。

为了准备特刊,皮埃罗和弗兰科密切地交流。皮埃罗回国后稍做休整,便给弗兰科写信说:"旅行结束后,特刊的大纲在我脑海中日渐清晰,涉及的主题也扩展到宪法、政治和经济层面"。②

其他增加的新主题包括:人口问题、计划生育的趋势,以及中国政府对合作社的推动等。

这期间,因为皮埃罗与博比奥将于1955年11月18号在埃利塞奥剧院作专题演讲,皮埃罗便经常敦促博比奥务必划分好主题。在附言中,皮埃罗抱怨道:"我给代表团所有成员都写信,提出与《桥》进行合作的要求,可是你没有回应。"③

弗兰科在1955年12月3日给皮埃罗回信。此前,弗兰科与意大利代表团的中方负责人周楠和洪星④见面,请他们为特刊提供资料,并找一位中国作家写特刊的献词。中方尽力配合,并承诺会请中国作家协会概括介绍中国当代文学作品,还会为代表团提供参加各种会议的文本和必要的情况说明。周楠还得到了权威作家的

---

① 据原文姓名拼音Zhou Nan翻译。(下同)——编者注
② *Lettere 1915-1956*, op. cit., p. 471. Firenze, 7 novembre.
③ Ibid., p. 475. A Norberto Bobbio, 9 novembre 1955.
④ 据原文姓名拼音Hong Xing翻译。(下同)——编者注

献词(这里指老舍)。两首由路易·艾黎翻译成英文的毛主席诗词也包括在内。

1955年12月19日,玛丽亚·特雷莎寄出了一篇从英文转译的茅盾小说,又为特刊寄去了一些关于汉字改革、音乐、电影等主题的新资料。应皮埃罗的要求,她还寄了一些蝴蝶题材的中国水彩画。她在购买时参考了朋友穆拉托里(Spartaco Muratori)的意见。这些画将为《桥》的书封设计提供灵感。

在佛罗伦萨的托斯卡纳抵抗运动史与当代历史研究所,还有一封穆拉托里谈论蝴蝶的信件,信中提到了齐白石。皮埃罗对齐白石的印象特别深刻。穆拉托里写道:"你跟我说要齐白石的画,这没问题,但你还应说明你感兴趣的画的主题。你只告诉我要花卉和动物的,但这个要求太宽泛,我很难包你满意。这位画家画的"动物"从蜻蜓(也许是从蚊子)到水牛,甚至到大象,更不用说还有鲸鱼了。这是玩笑话,不过,的确要等我了解清楚后才能回复你。"这是卡拉曼德雷收藏齐白石作品的一个例证。现在,齐白石已经是国际上最知名的画家之一。穆拉托里说,他已向弗兰科推荐蝴蝶主题的"八幅非常精美的画",弗兰科已寄给皮埃罗。这些正是玛丽亚·特雷莎所提到的画。多年以后,这些画都用来装饰在波韦罗莫的房子的客厅。

1955年末,在给弗兰科的两封信中,皮埃罗说:"特刊正在快速成形,就像把各部分镶嵌在一起的拼图游戏"。①玛格丽塔·圭达奇(Margherita Guidacci)向他指出,文学选集中缺少"非正统"的作家,并

---

① *Lettere 1915–1956*, op. cit., pp.479–481.

坚持要求他提供更多的信息和资料。皮埃罗还请一位书法家用中文写了"今日中国"和"桥",后来以"红色、加大的装饰字体印刷在特刊的封面上"。①但他表示仍未确定彩色书封上的图像。

1956年1月27日,皮埃罗给弗兰科和玛丽亚·特雷莎写信,说他收到了包括封面汉字在内的所有资料,并感谢他们所做的工作。他这样描述正在成形的特刊:"实际上,特刊将独立成册并售卖。文学部分我只收录了你们指定并认可的作品,除了老舍的献词之外,(我想亲自感谢他,我该怎么联系他?)还有其他精彩的文章。如你们所知,特刊的目的并不是宣传,而是普及知识,因此其中也会有评论文章,这些作家的观点比较正面:美国作家拉铁摩尔(Owen Lattimore)写了一篇很好的导言;英国部分有一位《曼彻斯特卫报》的编辑;法国部分有《精神》期刊的利科和一位印度人。这本特刊里有博比奥、帕里、穆萨蒂、福尔蒂尼、安东尼切利、贝兰达、法维利和我的文章;也包括爱泼斯坦和雷考伊(原文如此,可能是路易·艾黎)等人的文章。我希望一切顺利。在我要忙的所有事情中,特刊让我劳心甚多,不过三月份差不多就能出版了。"②

皮埃罗对老舍的献词十分赞赏,于是他亲自把献词从英文译成意大利文。他的译文手稿和老舍的中文手稿一起收藏于托斯卡纳抵抗运动史与当代历史研究所。

他对"美丽的蝴蝶水彩画"表示感谢,并在研究如何镶画框。一部分图案会出现在《桥》的书封上。

① 在阿曼多·诺琴蒂尼(Armando Nocentini)最终版的书封上,汉字是黄色的。
② Archivio storico del Senato della Repubblica, Famiglia Calamandrei Regard.

　　特刊完成前，皮埃罗曾在1956年3月6日敦促弗兰切斯科·弗洛拉。①皮埃罗曾担心他会提前出版什么，但皮埃罗很有风度地承认是弗洛拉先与中国有了接触。"《桥》的中国特刊差不多已全部完成了。我希望能收到你的文章，现在是否还有这个可能？我只需要一段很短的文字：可以是一段记忆或者一个印象，也可以是戏剧或文学作品里的人物。你发现了中国，因为谢尔巴的缘故，你几乎和马可·波罗一样有名了。如果没有你的参与，我会觉得很遗憾。"弗洛拉后来在特刊上发表了题为"体验与自由"的文章。

　　那几个月，皮埃罗的活动非常密集，包括在意大利社会党的提议下竞选佛罗伦萨市市长。但即使再忙，皮埃罗也感到有必要回应尼古拉·基亚罗蒙特（Nicola Chiaromonte）在《当今》杂志上对中国特刊的攻击，如同皮埃罗在8月18日致恩佐·恩里克斯·阿尼奥莱蒂（En-zo Enriques Agnoletti）信里所说的。②

　　皮埃罗还想确保费鲁乔·帕里率领的访华代表团能受到最好的接待。1956年8月24日，他写信给弗兰科：

　　　　你要为他们尽全力，尤为重要的是，让中国朋友了解费鲁乔·帕里对意大利民主的重要性。他对我们来说是抵抗运动的最高象征，特别是近年来，在面对贫困、孤立的情况下，他一直在

---

　　① *Lettere 1915–1956*, op. cit., p.486.

　　② *Lettere 1915–1956*, op. cit., p. 502. 该文发表在《桥》1956年8月至9月的第8期，标题为"恶意时代"（"Il tempo della malafede"）。在基亚罗蒙特的文章"毛泽东时代的旅行者"（"Viag-giatori al tempo di Mao"）转载在《异乡人》（2007年12月到2008年1月）后，西尔维亚·卡拉曼德雷将"中国与《桥》"（*Il Ponte e la Cina*）一文发表在《异乡人》（*Lo straniero*）2008年第96期，以回应该争论。

国际政治中坚持包容和开放的政治理念。需要让中国人民知道，帕里现在虽然没有正式任职，但他对于整个左翼来说，仍是忠诚于抵抗运动和坚持社会主义进步的象征，意大利也在朝着这一方向前进。[1]

皮埃罗通过帕里向儿子转达40岁生日的祝福，并告诉弗兰科，孙女西尔维亚准备参加意大利学校的入学考试。6月份，西尔维亚和母亲玛丽亚·特蕾莎一起从北京回国。这是皮埃罗给弗兰科的最后两封信，此后他再没有机会看到儿子。在最后的这些通信中，皮埃罗强调帕里和行动党的作用是非常有意义的。

从中国返回后，费鲁乔·帕里在1956年10月这样评价他的旅行：

即使是最迟钝或最有成见的人，通过与中国直接接触，也足以感受到这个拥有6亿人口的国家的伟大和重新振兴的历史意义。四千多年塑造了它独特的文明特征，比之于西方，其优势在于它更具延续性，但缺点则是守旧主义阻碍了其进一步发展。同西方的冲突使日本快速崛起又走向毁灭，并让旧中国陷入瘫痪。统治阶级的无能和腐败注定为革命开辟道路。这场革命具有鲜明特征。中国意识到了自己面对的众多问题和巨大困难，但并没有否定过去，反而从中延伸出来一种智慧。因此这场革命是适宜的、现实的，也是伟大的。这场革命联合了多数阶层和

---

[1] Ibid., pp.504-505.

人民,这场革命给女性带来自由,给年轻人带来希望。饥饿、无知和疾病都减少了。整个国家都在前进。即使不久前,这个国家的人民还处于最分散的被动状态,而今天人民重新行动起来了。这个国家已经做的很多了,但是现在与政府制定的目标相比,只实现了很小的一部分。土地和人口的问题都是巨大的工程。去亲自了解过中国的人,在回国之后有义务告诉其他人:中国的领导层严谨实干,他们获得了人民的积极认可并激发了新的民族自豪感,这些都是成功的前提。他们缺少资金,但他们不缺乏最宝贵和有效的"投资",那就是精神力量。一方面,西方对必然的失败抱有幻想和期待是愚蠢的;另一方面,如果感受不到影响我们历史的运动,就是懒惰的地方主义。中国领导人对革命深感自豪,他们有这个权利,但同时,他们也知道中国还很落后,并希望调动一切有利于进步的因素。中国对意大利的存在及影响持宽容和开放的态度。很少有国家像意大利这样享有文化艺术的盛名。所以,意大利再一次获得了调和西方文明与东方文明的历史机遇。中意已有一些民间交流,但还缺少官方交流。我不得不改变看法,我认为与经济交往相比,文化手段更为重要也更加有效。经济交往也并非无关紧要,发展经济关系当然重要,但会直接受到政治关系变化的影响。[1]

《桥》特刊凝聚了多方的支持力量,也是一个家族几代人密切合

---

① Ferruccio Parri, Appunti autografi, Archivio centrale dello Stato, fondo Parri, b. 130, fasc. 635, trascrizione di Celeste Gaudino in appendice alla sua tesi, pp.120–121.

作的成果。皮埃罗·卡拉曼德雷的这本文化知识编著,见证了中国与意大利的交流,它注定要在历史中开花结果。总之,它是当时的整个意大利文化界中独一无二的作品。

吉贝尔蒂建造的佛罗伦萨洗礼堂大门的金片,在战后的废墟下,被奇迹般找到并复原,皮埃罗将其拟喻为"我们穷人的金子"。[①]在他当时的脑海中,这个比喻又与北京相通了,如他在访问结束后发表的讲话中所说:

> 我们参观中国东北的大型矿井后,留下深刻的印象。有些成员曾一度下到矿工们工作的井底。经过这次访问,我们感受到中国诗意的一面。如果可以的话,我们想用它来表达我们对人民中国的印象。在我们看来,就像在意大利的土地上,只要在中国这片伟大的土地里挖掘,不仅能发现珍贵的矿藏,还能发现精神的宝藏。古老而丰富的文明与勤劳勇敢的人民,在政治和经济的压迫下,等待了几个世纪,终于重见天日。当解放的时刻到来,每一个中国公民,知识分子与工人、农民,都怀着满腔热忱出发,在自己的土地里和自己的心里,寻找埋藏的优秀美德和同胞深情。一眼一眼的矿井,都在喷涌出年轻强大的新中国,自由的中国,人民的中国。[②]

（曹熙铭 韩文琪 译）

---

① "唯此才是真正可贵的:智慧地表达精神,而不是否定精神。在这片土地上,在废墟与瓦砾之下,埋藏着金矿。只是金子。只要会挖掘就可以了。但也只有我们知道如何做,因为我们很贫穷。"（Piero Calamandrei, "L'oro di noi poveri", *Il Ponte*, n.7, luglio 1947, pp.601–602.）

② ISRT, Archivio Calamandrei.

意大利文化代表团部分成员合影

（拍摄于1955年，贾忆华供图）

友谊是志同道合的结果①

杨　琳

中意友好源远流长,早在2000多年前,古老的丝绸之路就将远隔万里的中国和古罗马联系在一起。意大利旅行家马可·波罗和他的《马可·波罗游记》在中国广为人知。20世纪下半叶,卡洛·卡索拉、弗兰科·福尔蒂尼、戈弗莱多·帕里塞(Goffredo Parise)等多位意大利著名作家也曾来到中国,著书记述旅行中的见闻。在对中国多地的参访中,作家们亲身观察、接触和感受中国,在旅途中与中国人民结下了深厚情谊。这印证了意大利著名作家莫拉维亚(Alberto Moravia)的话:"友谊不是偶然的选择,而是志同道合的结果。"

一、"他们与意大利矿工的想法没有很大不同: 他们有同样的需要,同样的渴望……"

1955年,卡索拉和福尔蒂尼所在的文化代表团共18人,来到中国进行访问交流。访问结束后的1956年,代表团团长皮埃罗·卡拉

①原载于《人民日报》。参见杨琳:"友谊是志同道合的结果",《人民日报》,2019年7月7日,第7版。(本文在原文基础上增加对出处的注释。——编者注)。意大利期刊《桥》翻译并转载:Yang Lin, "Le amicizie non si scelgono a caso ma secondo le passioni che ci dominano", *Il Ponte*, n.4, luglio–agosto 2019, pp.186–189.

曼德雷在其主办的期刊《桥》上推出一期《今日中国》特刊,开篇由老舍先生代表中国作家协会作序。随后,两位作家分别出版了游记《中国之行》和《大亚洲——在中国的旅行》。

在《中国之行》这本游记中,卡索拉讲述了在北京、沈阳、杭州和广州的旅行。他在北京观察人们的日常生活、参观名胜、观看国庆庆典。卡索拉关注新中国的方方面面,非常关注普通中国民众。例如,他对北京人的印象很好。他这样写道:"没有比北京人更礼貌的人群了,你不会被推搡,也不会被胳膊肘子碰到。最重要的是,不会有人打扰你……"[1]寥寥数语,中国人友好、和平、礼让的形象浮现眼前。这个形象既是自古以来中国人的气质,又展现了新中国民众的美好风貌。

在煤矿的地下矿井中,卡索拉仔细观察中国矿工,把他们同意大利马雷马的矿工联系起来。"这里的一切我都能认出来,连矿工的背影都似曾相识。我确信,如果我能与他们深入交谈,我将发现他们与意大利矿工的想法没有很大不同:他们有同样的需要,同样的渴望,同样的职业自豪感,同样的团结精神……"[2]卡索拉曾经调查过马雷马矿工的情况,并与他人合著《马雷马的矿工》。他将自己对意大利矿工的关心和情感投射到中国矿工身上,通过近距离观察,明显体会到中意两国劳动人民共同的优秀品质和进步精神,跨越了地理距离和国籍差别。

这些认识,源于卡索拉对劳动人民一贯的关注与亲近。他的小

---

① Carlo Cassola, *Viaggio in Cina* (Milano: Feltrinelli Editore, 1956), p.22.

② Ibid., p.64.

说多以普通人为主人公,因此他的中国游记也将视线聚焦在中国矿工、工人和农民等普通人身上。作家以同理心推己及人,由意大利人民推及中国人民,无形间拉近了两国人民之间的心理距离。

二、"在这里,在这张桌子前, 我们意大利的农民一定会有回家的感觉"

福尔蒂尼的游记《大亚洲——在中国的旅行》像一本日记,按访问时间顺序排列。每一章分为多个小标题:一段经历、一个中国人、一种现象、一段思考等。书中充满真挚而丰富的情感,文笔亲切感人,语句间流淌着对中国人民的友好之情。

福尔蒂尼对新中国人与人之间的关系很感兴趣,记录下与中国农民面对面交流的场景。在农村用过午饭后,他写道:"大家谈兴正浓,笑成一片。有人提议,让所有在场的中国农民写几句话送给意大利的农民。此刻,意大利并不那么遥远,我觉得这些农民和我们的农民一定能够相互理解……在这里,在这张桌子前,我们意大利的农民一定会有回家的感觉。"[1]中国农民好客和爽朗的形象跃然纸上。

在亲身交往中,福尔蒂尼对朴实的中国农民产生了真挚的情感。在作家看来,意大利农民同样好客爽朗、感情丰富。他对中国农民的理解来自他对本国农民的理解。

基于理解,才能共鸣。福尔蒂尼与中国农民告别的场面十分感

---

① Franco Fortini, *Asia Maggiore. Viaggio nella Cina e altri scritti* (Roma: Manifestolibri, 2007), p.96.

人:"我们再也见不到面了。他们知道我们会记住他们的,他们也会记住我们的。……'再见啦,再见啦',他们反复与我们告别,紧握我们的手。虽然我们的车子已经远去了,但所有的人都还在那儿惜别。"①

阅读这些深情优美的文字,我们仿佛看到异国友人依依惜别的景象,那一声声"再见啦"回荡在耳边,那握手不舍的情景如在眼前。我们几乎看见眼泪在闪亮,路上的扬尘正弥漫在视野……

三、"他们徐徐地划桨,那样子就像威尼斯的船夫"

1966年,帕里塞作为特派记者来到中国,并写下多篇文章,发表在意大利发行量最大的报纸之一《晚邮报》上,之后结集成书,以《亲爱的中国》为名于同年出版,并于1972年再版。这本游记成为帕里塞最受欢迎的旅行文学作品。

帕里塞的游记充满田园化的诗意,他对中国和中国人情感深厚。这一点从作品名称就可以看出来,"亲爱的中国"具体说来,其实是"亲爱的中国人"。

在游记中,帕里塞非常重视对人的观察和描写。从文中反复出现的、描写中国人特点的词语可以看出,他欣赏普通的中国人,例如,"微笑""热情""节俭""礼""简单"等词语频繁出现。此外,他对中国人的观察细致入微,一些有代表性的场景和人物描写展现了作者心目中的中国形象,通过分析这些场景和人物描写,我们可以看到帕里

① Franco Fortini, *Asia Maggiore. Viaggio nella Cina e altri scritti* (Roma: Manifestolibri, 2007), p.99.

塞感知和认识中国的方式是直觉和感情：

"我刚到广州几个小时，正是黄昏时分，湿热的季节正如西西里的春天，空气中飘着茉莉花和槐花的香味。……在船尾站着一位男子和一位长发飘飘、穿着黑色睡衣、肩披蓑衣的女孩。他们徐徐地划桨，那样子就像威尼斯的船夫。"①广州令他想起了美丽的西西里和威尼斯。

在一次访谈中，帕里塞谈到对游记的看法："一次旅行结束后，数据、信息或理性分析都不重要，重要的是感情，通过一些偶然的机会对人或事物产生的感情。"②在参观紫禁城的时候，作家扶起一位摔倒的中国老人，当他听到对方说谢谢时，感受到了自己对中国人民的情感，"不能不说是一种感动。我回顾着这种情感，现在如此稀少。"③是啊，他在用心感受中国。

作为来自意大利的知名作家，卡索拉、福尔蒂尼和帕里塞与中国人民间的情感共鸣和心灵共振，是震撼人心的。他们在游记里记述了对中国的美好印象，描绘了他们心中的中国民众形象。这些记述文笔生动，真情流露，既有理性分析，也富有同理心和同情心。这是"海内存知己，天涯若比邻"的理解交心，是"四海之内，皆兄弟也"的真诚友爱，是如意大利诗人但丁的诗句所说的"是爱也，动太阳而移群星"所指向的人类仁爱精神的真实展现。

---

① Goffredo Parise, *Cara Cina* (Torino: Einaudi, 1972), p.10.

② Goffredo Parise, *Opere*, a cura di Bruno Callegher e Mauro Portello (Milano: Mondadori, 1987), p.962.

③ *Cara Cina*, op. cit., p.22.

弗兰科·卡拉曼德雷(中间)与卡索拉(左一)和福尔蒂尼(右一)
(1955年拍摄于上海,贾忆华供图)

过去与现在的文化平衡^①

乐小悦

    "我者"与"他者"的对立,看起来是当今社会全球化进程的一个典型的产物,但其实这个概念并不新鲜,它在人类历史上具有深厚的根基。文化,尤其是文化概念被构建和塑造的方式,影响了我们的日常交际,推动着我们以一种特定的方式——往往是透过大众媒介或近年来的社交媒体所强加的视角——来看待"他者"。基于这一功能,文化有时也许会成为一个危险的工具,这取决于背后操控的那只手:它可以通过文化使人类一起走向一个共同的未来,但也可能会利用文化来排除异己。后者在有共同利益的群体中制造一种身份认同,并决定谁有权加入这个群体,也就是"我者",还有谁应当被排除在外,也就是"他者"。这一过程在英语中被定义为"othering"(他者化),它导致了历史上许多冲突的爆发,炮制了种族优劣论和一些常常带有纯粹主观性的是非观念。每个国家的文学和历史都涉及"我者"和"他者"的差异化问题,而且往往借此宣称前者对后者的优越性。这里引用一段2003年诺贝尔文学奖候选人、著名记者雷沙德·卡普钦斯基(Ryszard Kapuściński)的话:

---

    ① 原载于 *Archivio Trentino*. 参见 Letizia Vallini, "Le relazioni Italia-Cina tra passato e presente", *Archivio Trentino*, n. 2, 2021, pp.75-94.

从《奥义书》《易经》到《庄子》，从荷马、赫西俄德到《吉尔伽美什史诗》《旧约圣经》，从《波波尔·乌》《妥拉》到《古兰经》，整个文学世界都是献给"他者"的。还有那些动身到地球的另一端去访问"他者"的伟大中世纪旅行家们，从柏郎嘉宾到伊本·白图泰，从马可·波罗、伊本·卡尔敦到丘处机，他们又是为了什么远行的呢？对于一些年轻人来说，这些阅读材料已经激起了他们到世界最遥远的角落去认识和了解"他者"的愿望。这是典型的空间幻觉，即认为只要是遥远的地方就是不同的，而且这地方越遥远，它就越不同。①

长久以来，各种文化交织在一起，都寻求着相互理解和交流的方式。在全球化社会，对于那些处理跨文化交际中所有微妙差别问题的人来说，避免冲突、打造和平发展的共同基石越来越亟须了。正是这些文化使者护送我们从一个文化渡往另一个文化，帮助我们在不同的文化维度间保持平衡。

谈到文化使者，我们不能忘记1955年意大利文化代表团的成员们，他们在1956年通过《桥》期刊出版了一本关于中国的特刊，并将其命名为《今日中国》。这些知识分子在当时的社会扮演了十分重要的角色：在两个相距如此遥远的国家间存在很多没有凭据却根深蒂固的传言，代表团想要通过在中国的亲身游历，打破这些传说，向没

① Ryszard Kapuściński, *The Other* (London; New York: Verso, 2018), p.15.

有机会亲身到中国的读者讲述"龙的国度"的真实面貌。《桥》特刊中的文章向20世纪50年代的读者展示了一个新生的国家,它与短短几十年前的皇权中国迥异,已变成一只从帝国主义和封建主义中涅槃的凤凰。他们所讲述的中国与意大利人常听到的传闻不同,因此引起不小的轰动。他们去除刻板印象和偏见,讲述在一个真实的国家的一些有血有肉的人,他们有房子、有家、有工作,最重要的是,他们为自己的国家感到自豪。那么20世纪50年代的中国和意大利,两个远隔千山万水、相距半个地球的国家,真的就有那么大的差别吗?

在回答这个问题之前,在将皮埃罗·卡拉曼德雷所认识的中国与我们今日所熟悉的中国进行对比前,我们有必要回溯历史,了解在中华人民共和国成立以前的文化平衡是如何实现的。

一、过去的友谊与误解

意大利和中国的交往有着非常悠久的历史。天主教耶稣会传教士利玛窦(Matteo Ricci),以及其他一些赫赫有名的意大利传教士,如郎世宁(Giuseppe Castiglione)、马国贤(Matteo Ripa)等都是中意交流史上的重要人物。这段友谊不只关乎延续千年的文化与宗教,也包括丝绸之路上的商业贸易。威尼斯商人马可·波罗一家和众多的意大利商人多次取道该地,去谋求世界上最好的商品之一——极其珍贵的中国丝绸。

如上所述,尽管商业和文化交流历史如此悠久,但在很长时间里,中国对于意大利人乃至大部分西方人来说,仍然是一个陌生的国家。早在三十年前,英国历史学家、东方学家史景迁(Jonathan Spence)就在一篇文章中透彻解释了其中的道理,该文具有惊人的现实意义,仿佛是几周前才发表的。

> 事实上,西方人对中国并没有什么清楚的概念。……我们对中国认识混乱,已经持续了四个多世纪了。1584年,开始流传关于中国的详细记载,即耶稣会传教士利玛窦的书信。次年,冈萨雷斯·德·门多萨(Juan Gonzales de Mendoza)撰写的第一部为西方世界详细介绍中国历史文化的巨著问世。尽管利玛窦和他的同辈们从老一辈旅行家那里预先汲取了一些对中国的认识,但是,根据亲历的非凡经验写回忆录这一光荣的使命,实际上还是落在了他们身上。此举开创了一种新的文学体裁。①

早在1584年,利玛窦到访中国时,在大众想象中充斥的先入之见和刻板印象,一直持续到现在。之所以这样,是因为中国的文化和历史对于大多数人来说仍存在大片盲区。

然而,西方对中国的方方面面并非一无所知:1700年至1900年间,中国艺术对欧洲艺术产生了很大的影响,以至于所谓的"中国风"闻名于世,广受上流社会的追捧。只要想一想都灵王宫那著名的中国厅,或者是那不勒斯卡波迪蒙特皇家工坊瓷器厅,就可以推想到。

---

① Jonathan Spence, "L'immagine della Cina agli occhi degli occidentali dalla fine del secolo XVI a oggi", in Paul S. Ropp (a cura di), *L'eredità della Cina* (Torino: Edizioni Fondazione Giovanni Agnelli, 1990), p.7.

这不过是几个意大利的例子。在欧洲其他国家,人们也常常用"中国风"来指代其他东方国家的艺术品,因为他们不能很好地辨别哪些是中国的,哪些不是。因此,"中国风"一词常常被用来形容所有异域的、不同的东西。今天我们提到"异域的",也许会想到一个荒无人烟的小岛上大片白色的沙滩,或是一段目的地不明的惊险旅途。事实上,它还包括潜在的威胁,因为所有"不同的"常常会在一瞬间被视作"低级的",甚至是"敌对的"。在西方作家的字里行间,以及绘画、诗歌甚至歌词中,东方常常呈现出一种明显低于西方的形象:这些作品中所描绘的人是怠惰的、非理性的,其展示的文化看起来有趣,也值得为此赋诗作画赏玩一番,但不必深入了解。

在那个时代,意大利对中国知之甚少,仅有的认识,不过是由商人、政治家和记者等少数到访过中国的人带回国内的刻板印象和误解。不过,大部分中国人对意大利也很陌生,仅有的一些关于意大利地理和文化的贫乏的描绘,而且常常是来自欧洲北部的翻译作品,所以包含的信息通常不够客观:

> 意大利被看作一个古老的国度,以输水管道为代表的古罗马帝国遗迹让中国旅行家感到震撼。但中国人眼中的意大利,本质上是贫穷的,迷信的国民臣服于宗教信仰;国力衰弱,工业化程度还很低,无论是经济上还是政治上都不能与欧洲北部的现代文明国家相提并论。[1]

---

[1] Guido Samarani e Laura De Giorgi, *Lontane, vicine: le relazioni fra Cina e Italia nel Novecento* (Roma: Carocci Editore, 2011), p.27.

　　当我们凝视这个更接近1955年意大利文化代表团中国之行的时代,就会发现在三门湾事件以后、中华人民共和国成立前所写作的多数作品,都是出自战地记者、探险家和军人之手。大部分作品为游记和个人随笔集,而非学术类文章。因此,不能指望他们对“中国文化和历史”这个主题有多么深的理解,也不能期望他们的叙述客观、不偏不倚地再现亲眼所见的事实。为了让读者感到新奇,他们最大限度地渲染其中的“异域”风情。说到底,他们的目的始终是增加报纸或书籍的销量,而非成为一个文化调解人或是文化专家。在当时为数不多的意大利著作中,中国人常常被描绘成是不道德的、迷信的、残忍的,其价值观不仅不能与西方人兼容,而且是他们真真正正的敌人。几十年以后,人们依然可以在其他的出版著作中找到类似的偏见,比如1927年乌戈·巴西(Ugo Bassi)博士在博洛尼亚法西斯大学发表的那篇著名演说“中国与意大利”。巴西甚至称中国与所谓“国家”截然相反。他认为国家是“一片疆域明确的土地上,一群在相同血缘和本能引导下,朝着同一目的地进发的人民的联盟”①,而中国却“在很长一段时间内阻挠了外族的同化,不接触外界”②,人民只热衷于崇拜祖先和皇帝。尽管1927年的中国已经是一个具有十几年共和制历史的国家,但巴西似乎将这不可忽略的一点忘却了。

---

　　① Ugo Bassi, *Italia e Cina*（*Cenni storici sui rapporti diplomatici e commerciali*）(Modena: E. Bassi & nipoti, 1929), p.5.

　　②Ibid., p.8.

不过，在这些负面看法之外，我们也找到了一些截然相反的观点。这主要是因为他们比较了解情况，比如记者、外交家、东方学家卢多维科·诺琴蒂尼（Lodovico Nocentini），他在亚洲和中国待了很长一段时间，一生致力于东方语言的研究。关于中国人，他这样写道：

> 这个民族兼有举世无双的美德和严重的缺陷，在他们中间生活过一阵子的人知道，他们饱受的折磨是由公职人员的贪婪和普遍的行政腐败所引起的。欧洲的介入必然引起的改革将根除这些弊病，因此人民感到被引向一条更有可能实现繁荣和幸福的道路。与统治者相反，中国百姓更爱新鲜事物。当他们看到更多的银子流入市场，看到产业不断发展和扩大规模，就会欢呼着迎接那救赎的曙光到来。①

尽管诺琴蒂尼的话看起来比巴西的更正面，但记者先生还是犯了一个典型的错误，即夸大了西方在中国改革中所起的作用，又唱起了"东方主义"的老调。事实上，尽管诺琴蒂尼在他的描述中提到了中国人的某些优良品德，但他仍旧固守外国人肩负着"开化使命"的观念，即鲁德亚德·吉卜林（Rudyard Kipling）所谓的"白人的负担"。这样的使命感是"欧洲优越论"的表现，是一种人为的发明，是没有道理的。他的观点绝不会像"白蝇"一样罕见，恰恰相反，这种观念在当时的欧洲无疑是很普遍的。"欧洲优越论"来自一种广为流传的看法：

---

① Lodovico Nocentini, "L'azione italiana in Cina", *Rivista Politica e Letteraria*, VII, Fasc. I, (1899), p.71.

中国就像许多其他亚洲和非洲国家那样,仍被看作一个落后的国家,需要欧洲列强的帮助来"开化"。这些所谓的"优等人"声称,要完成使命,就得殖民那些较不发达的国家,还要向世界表明,列强是以进步之名在那里活动,而非为牟取经济与政治上的显著利益。正是在这一时期,在这个大背景下,意大利开始尝试"开化"中国,由此引发了两国关系史上令人惋惜的一段插曲。

　　1866年10月,意大利王国与中国签订了第一个通商条约。然而,这项条约并没有带来预期的巨大收益,这主要是由于意大利人对中国历史和文化不够了解,当地的意大利居民和公司数量也不够多。意大利还没有完全认识到中国的重要性,但是一旦有机会侵占领土,意大利就毫不迟疑。1899年的三门湾事件便给了这样的机会。这是浙江省的一片海域,毗邻丝绸业的中枢城市上海和杭州,意大利人很喜欢丝绸。因此,意大利驻华公使雷纳托·德·马蒂诺(Renato de Martino)接到指令,向中国提出租借三门湾的要求。尽管如此,清政府并不害怕意大利王国,反而视其为一个落后小国。它以意大利在中国的商业贸易往来并不活跃为由,拒绝了外国的租地要求。情况迅速恶化,公使马蒂诺就向清政府发出最后通牒,但很快又在意大利王国的要求下撤回了。

　　尽管意大利普通民众对这些消息及其引发的政府危机十分漠然、不感兴趣,但是"在1899年,在欧洲,尤其是英国的报纸上,因为我们没能在中国面前维护颜面,对意大利政府的指责不绝于耳……

意大利在全世界面前丢了脸,破坏了全体白人的声望。"①甚至就连清政府在看到意大利外交官们如此处理危机之后,看起来也不那么尊重意大利王国了。更"过分"的是,三门湾危机以后,《申江新报》上还刊载了一些讽刺意大利人的文章。②尽管意大利当时正疲于应对另一个遥远的战场上非洲人民的抵抗,又因为这些出乎意料的事件,使之参与了镇压义和团运动。虽然意大利王国在其中的力量只能用"微乎其微"来形容,但它还是成了战胜的一方,并为自己赢得了在亚洲的第一块租借地,说实话也是最后一块。这个位于天津的意大利租界直到《卡西比尔停战协定》签署后才被收回。

经过多年的经营,意大利租界开始有了名声,在当地号称是"贵族租界",成为一个建有许多大花园的高贵之所。因为这些变化,意大利居民的数量也在增加,但即使在人口最多的20世纪30年代中期,也没有超过366人。③第二次世界大战结束后,中华人民共和国成立,中意外交关系出现了新的不平衡,两国外交关系中断了很长一段时间。这是由于"新"意大利共和国决心只当一个旁观者,在承认中华人民共和国这件事上不主动出头,想避免在全球范围内可能带来的后果。这一外交僵局引发了新的文化失衡,引起双方的互不理解,产生了新的刻板印象。

正是在这样的大背景下,1955年意大利文化代表团开始着手组

---

① Giuseppe de Luigi, *La Cina contemporanea* (Milano: Fratelli Treves Editori, 1912), p.283.

② 参见 Renata Vinci, "Chinese public sentiments about Italy during the Sanmen Bay affair in the pages of the Shenbao", *Int. Commun. Chin. Cult.*, 3 (1)(2016), pp.117–144.

③ Ezio Ferrante, "La concessione italiana di Tien-Tsin", *Affari Sociali Internazionali*, 3 (2000), p.10.

织对中华人民共和国的考察。当时，人们对这个新生的政治与经济巨人知之甚少，仅有的一点认识也像是传说。

二、历史的转折点
——皮埃罗·卡拉曼德雷的代表团与《桥》特刊

上文的介绍，可以帮助我们更好地理解几世纪以来两国政治文化关系影响下形成的社会文化图景。可以用两个词简单概括，即友谊与误解。然而，第二次世界大战的结束带来了翻天覆地的变化，首先是各国坚决避免再次发生世界大战那样的流血和暴行。人们急切地感到有必要换一个视角看待"他者"，以一种更平和的方式比较和理解，希望从另一个层面了解对方。说到底，我们都是人类的一分子，有相似的道德属性。从更实际的角度看，这种新姿态对多样性来说会有什么意义呢？

在1955年意大利文化代表团访问中国的前几年，两国依然处在几乎没有任何外交与文化往来的状态，误解与刻板印象也在不断深化，尤其是对中国共产党不了解。意大利知识分子界对这个新生的政党知道多少呢？就在《桥》编辑部着手出版特刊之前，事实上，有许多政治家和知识分子都在高声呼吁建立外交关系，消除误解与刻板印象，其中最重要的是彼得罗·南尼，他在1955年访问中国，对推动中意关系发挥了重要作用。

代表团所采取的行动近乎是英勇的，他们远离异化他者的视角，摆脱几个世纪以来渗透社会的"他者化"，尝试回答该时期学术界正在蓬勃发展的两个新学科——人类学和跨文化交际学所提出的问题：我们对他者有怎样的假想？这些假想会引起哪些问题？在特殊的情况下，意大利对新中国持怎样的假想？这个国家刚刚诞生，就配上或多或少褒义的形容词或是定语了吗？事实上，人类的天性就是一定要给不熟悉的事物贴标签，给他不能或是不想知道的东西赋予一种身份或是某些特征，并且常常是无根据的。个体真的能代表自己的社会或文化群体吗？仅仅是一个人或是一种行为就能折射出整个集体吗？

在这个意义上，文化代表团试图让读者更加理解对方的文化。正如本书贾忆华女士的文章所解释的，皮埃罗·卡拉曼德雷曾多次写道："为了让意大利公众舆论明白，意大利不能再忽视新中国，特别是不能忽视新中国的文化，这是理所当然、责无旁贷的。"①因此，认识与理解成为这次新中国之行的关键词。这一次一个国家对另一个国家的造访不是出于经济利益或社会效益，而是为了拥抱世界的多样性和丰富性。那些不了解意大利和中国过去纠葛的人是无法理解本书所选录的文章是多么重要的。翻阅这些富含文化意义的篇章，我们不能不赞叹这些知识分子，因为他们为意大利读者介绍这个遥远而神秘的国度做出了努力。

本书选录了一些客观的、学术性的文章，同时穿插一些主观的、叙述性的文章，后者多为游记。这是思乡之情和发现一个全新国度

---

① Silvia Calamandrei, "La costruzione del numero speciale del Ponte «La Cina d'oggi»", in Silvia Calamandrei (a cura di), *La Cina e il Ponte: sessantacinque anni dopo*, «Il Ponte», n. 5, settembre–ottobre 2020, p.9.

的喜悦共振。重要的是,我们不要忘记代表团成员来自不同的领域,不只有记者和政治家——这是我们预期在这种游历中遇到的两类人,还会有科学家、大学教授、作家和摄影师——他们能以多方位的新颖视角来展示中国。作者们在行文中多次强调,必须要打破对皇权中国的刻板印象,全身心地去感受这个新兴的社会主义国家。翁贝托·巴巴罗的话就是最好的例证:

> 这次旅行让我不断丢掉那些先入之见,包括偏见和一些陈旧的、错误的想法:这使我感到释然。一个最先消除的偏见是:中国是个很难适应,更难深入理解的国家……不过他们说的要真正了解中国,可能是指深入了解中国几千年的文明。但是要了解今天的中国却不必如此,新中国是一个高度透明、能立刻被理解的国家。①

这些文章表现出一种比以往任何时候都更为强有力的需要,即摒弃过去数十年中西方关系中的"开化使命"和"欧洲优越"的典型叙事。路易·艾黎是一位有过旅居中国经历的作家,他在本书里的文章中写道:"如今,东方与西方在新的历史条件下相遇。这次不再是来盗窃中国的文化遗产了。"②中国是一只从殖民主义和封建主义中浴火重生的凤凰,它比以往任何时候都更强大,向世界展开双翼,显示自己的力量。

---

① *La Cina d'oggi*, op. cit., p.368.
② Ibid., p.177.

艾黎并不是唯一一个这样想的人。安东内洛·特龙巴多里在他的文章"人的声音"中阐述了记者与文人谈论中国的必要性。特龙巴多里抓住了一个好时机,他写作这篇文章的时候恰逢中意有望建交的节点,那时彼得罗·南尼刚刚访问过北京。文章写作的目的是回答这个问题:"意大利文化界对新中国持什么样的态度?"从这个问题出发,特龙巴多里把意大利人分为两个相反的派别:一派代表了"意大利文化中最先进的代表们",他们理解中国革命的历史意义;另一派则是犯民族偏见错误的人,他们又唱起了东方低等的老调。19世纪和20世纪帝国主义侵略的精神残留,依然强烈地活跃在某些人的记忆中。一方面他们恐惧新事物,害怕改变,他们哀悼旧中国,固执地认定中共的最终目的就是"思想集体化,消灭个体和个人"。①另一方面他们有贬低东方的倾向,这类人是相信"拉丁语文明的绝对优越性"的人,给自己不熟悉的事物随便披上"蛮夷"的外衣,"那些游览中国的人,仿佛在游览动物园或博物馆,在那里保存着历史中幸存的事物和习俗。"②特龙巴多里尖锐的批评最终以一个建议结尾。这个建议是给中国的,想要帮它应对摆脱民族偏见的道路上将面临的重重挑战:

> 这是中国文化的伟大蓝图。一方面,中国应该坚定而勇敢地进行现代化转型;另一方面,它要确保这一转型不是机械地照搬他者,不会按照典型的殖民主义进程,被迫适应并同化于西方

---

① *La Cina d'oggi*, op. cit., p.183.

② Ibid., p.185.

文化。①

如果我们不停下来思考一下尼日利亚作家奇马曼达·阿迪奇（Chimamanda Ngozi Adichie）所言的"单一叙事的危险性"，那么这次靠近中国或许就不能彰显其重要性。作家说道："因此，一个单一的叙事是这样产生的：你把一个民族刻画成某个样子，只刻画这个样子，很多次以后，这个民族真的就成了这个样子……单一叙事会产生刻板印象，刻板印象的问题不在于它们是错误的，而在于它们是不完整的。"②从某种程度上说，中国在西方人的脑海中，就是一个单一叙事。中国人是否真的如同一直以来传言的那样可怕，没有人真的会费心思去求证这一点，因为痴迷刻板印象自有好处，有利于在征兵入伍时鼓动人心。这便是《桥》特刊的使命所在——帮助读者走出长达几个世纪的刻板印象与误解的纠葛，认识真正的新中国，纠正对它的负面印象。

为了实现这一目的，代表团的许多知识分子决定在意大利人和中国人之间寻找共同点，以拉近读者和这个如此遥远的民族的距离，让他们认识到两者皆备的道德品质。以翁贝托·巴巴罗先生为例，他并未在历史和政治的共同特征上做文章，他关心的是共同的审美情趣与道德，这一点对于像他这样杰出的电影人来说尤为难得。他告诉我们，他在上海观看了经典影片《偷自行车的人》，并且看到"中国

---

① *La Cina d'oggi*, op. cit., p.186.
② Chimamanda Adichie, *Il pericolo di un'unica storia* (Milano: Einaudi Editore, 2020), pp.9-10.

观众笑和感动的时刻与我们的观众相同"①,这表明中国的男人和女人"跟你我一样,可能只是更安静、更友善。"②就这样,一部意大利电影成为意大利人可以窥见中国人的生活并从中看见自己身影的一扇窗户,成为一座连接和拉近两种文化的桥梁。

不过,最打动今日读者的肯定是《看长城那边》一文。这篇文章向我们展示了所谓"思想正统的人们"与文化代表团成员之间的明显区别,前者抱着传统、古旧的思想,卡拉曼德雷称他们是一群"从未见过中国,从未读过有关于中国的资料,但是却做出知道很多、不愿被别人的天真愚弄的样子。"③后者头脑开放,可以接受新的事物,准备向求知若渴的读者们分享他们的经历。卡拉曼德雷的文字直击心灵,具有惊人的现代性。要是我们不去想这篇文章写于六十多年前,我们会以为是在浏览一篇汉学专家的新作。卡拉曼德雷在文中运用了一个非常有趣的文学技巧:与前人和同辈相反,他把中国变成了意大利的一面镜子,他通过耳熟能详的文字,让20世纪50年代的意大利读者不禁产生相通的情感。就是这样,在"社会团结、自由平等、经济改造"这样的话中,读者不仅能看到8000公里外的一个新生国家的现实,也能感受到类似于意大利二战后经济变化带来的社会转型的氛围。经过了前面的铺垫,作者提到了新中国需要花上数十年的"经济改造仍在进行之中",此处显然影射了意大利当时的处境,就是说,意大利也是个百废待兴的国家,它离"经济奇迹"那么近,但是需

---

① *La Cina d'oggi*, op. cit., p.370.

② Ibidem.

③ Ibid., p.64.

要付出牺牲与汗水才能最终实现。那时候，中国从反抗日本以及其他帝国主义列强的一系列战争中缓过神来，卡拉曼德雷提出，"解放意味着中国人民独立自主，意味着外国势力、殖民统治的终结"，这难道不能让意大利回想起从奥匈帝国人、西班牙人、纳粹等入侵者手中解放出来的历程吗？提到中国的得胜之师时，作者没采用官方翻译"Esercito Popolare di Liberazione"（中国人民解放军）或者至少"Armata Rossa Cinese"（中国红军），而是用了两个典型的意大利语词汇："Resistenza"（抵抗运动）和"Armate Partigiane"（游击队），这难道是巧合吗？事实上，如果我们稍微比较一下二战中的意大利战况和中国解放战争，我们就不可能注意不到二者的共通之处，而卡拉曼德雷出版《桥》特刊时，两场战争结束还不到十年。两个国家都刚刚弥合社会机体内部的大裂痕，为此付出了巨大努力。两个国家"抵抗运动"的胜利形成了彼此在历史与精神上的交集，这是拉近两国人民心灵距离的一个不能忽略的因素。文章的结尾是对中意两国人民平等与友爱的歌颂，即使在今天读来也和六十多年前一样真实：

　　然而，如果说到有一个民族因其历史和特质而有理由亲近中华民族，那就是意大利民族。中国和意大利都有着悠久的古老文明，这些文明成熟于相继经历的灾难与重生、死气沉沉的衰败与艺术家和诗人的奋起复兴中；成熟于外国侵略和重新赢得自由的慷慨激情中；成熟于数百年被奴役的萧条时期，在被统治的外壳之下，在磨难中历练出的新的民族智慧、聪明仁爱以及人性光辉的延续中。在欧洲或许只有我们意大利人可以与中国进行数千年的对话,并且像他们一样,将一层层的墓土踩在脚下,在这墓土上燃起文明之火,没有任何人事变迁能够将这团火焰熄灭。①

　　这些话生动地体现了两国人民几百年的光辉友谊,还藏着一条隐秘的信息,只要想读懂并愿意行动的人都能明白。事实上,尽管《桥》特刊的首要目的,无疑是拉近读者与新中国的距离、促进两国间的相互理解。它还有第二个同样重要的目的,也就是敦促意大利政府与中华人民共和国建立外交关系。这个意图在《今日中国》的序言中就已经写得很明白了:"如果还像过去十年来意大利政府所做的那样继续忽视中国,就非常愚蠢了。"②在这本书发表的文章里,正是卡拉曼德雷,当然也不只他一个,多次将矛头直接对准了意大利政府,期望迅速改变外交、商贸甚至文化上的对华封锁政策。

　　在"中意文化关系"这篇文章中,卡拉曼德雷更进一步,甚至为他所希望看到的未来两国在文化和教育领域的关系草拟了一个简要的蓝图。文章中所谈到观点并不是随意提出的,而是与文化部副部长商谈后的结果,记录了这个"文人"代表团为了达成"东西方的合作是世界和平的条件"③,将要在文化领域做的事情。在这几页纸中拟订的计划很周全,考虑到了文化的方方面面,都建立在这样一个逻辑前提下:尽管当时两国间还不存在官方的外交关系,但是没有人能阻止

---

① *La Cina d'oggi*, op. cit., p.72.

② Ibid., p.16.

③ Ibid., p.122.

文化交流的步伐,文化无国界。卡拉曼德雷的观点体现为两个主要方面,即广义的文化和语言教学。他认为,真正的文化交流包括三个领域,它们是最为急迫的:当代及经典作品的意汉翻译(和汉意翻译);视觉艺术及艺术史——它们是中意千年文化的一部分;音乐和表演艺术,不只局限于唱片和电影,还要扩大到管弦乐队和剧团的巡演。第二部分,卡拉曼德雷费了很多笔墨讲意大利的汉语教学情况和中国的意大利语教学情况,这些无疑可以推动他在第一点提到的翻译工作。作者希望大学之间互订协议,尤其希望能交换汉语和意大利语的外籍教师以及教授科学课程的教师。这两点的共同之处,也就是更为紧迫的,便是缺少同时能说这两种语言的人才。"但是能将中文直接翻译为意大利文的学者很少。我认为能将意大利文直接翻译成中文的中国人更少。"[1]这似乎正成为那个时代横亘在两个国家间最大的文化屏障,延缓了两国的交往。卡拉曼德雷显然已经明白,这是拉近意大利和中国距离,使两国结下足以应对当代挑战的友谊的发力点所在。

今天,重读《桥》中国特刊中收录的这些文章,能够让当代读者反思与追忆20世纪中意关系的沿革。这些改变如此之大,几乎可以称得上是一场"革命"。如果今天我们感到中意双边关系实现了有别于过去的和谐,那么这很大程度上要归功于政治家和知识分子的努力。他们扮演了文化大使的角色,是一座座名副其实的"桥",他们从一种全新的角度来讲述文明的多样性,连接了"两岸"。如果过去确实发

---

① *La Cina d'oggi*, op. cit., p.123.

生了一些伟大的改变的话,未来两国都应该再接再厉,使彼此的关系更加紧密,继续维持文化平衡的状态。

三、展望未来中意关系

从特刊的出版到现在已经六十多年了。中国和意大利的社会发展及其在国际舞台中的地位,都发生了翻天覆地的变化,卡拉曼德雷和所有代表团成员的愿望和期待似乎都实现了。2020年意大利和中国庆祝两国正式建交五十周年,两国在政治、经济领域以及社会文化方面的关系比以往任何时候都更加紧密。

在代表团游历中国后的六十多年中,中国和意大利在外交方面取得了丰硕的成果,重新连接起丝绸之路的两端。尽管意大利很晚才正式承认了中华人民共和国,两国在1970年11月6日才正式建交。而在两国的努力下,早在1965年,双方就互设民间商务代表处,即中国国际贸易促进委员会驻罗马代表处和意大利对外贸易协会驻北京代表处。如果没有彼得罗·南尼1955年的访问和他此后提出的承认中华人民共和国的提议,如果没有这群意大利知识分子对中国事业的认可,就不可能迈出第一步,便无法建立这样的"经济外交"。大名鼎鼎的文学家阿尔贝托·莫拉维亚和达契亚·玛拉依妮(Dacia Maraini)到访中国并走过了许多地方,爱上了这片土地,就像在代表团其他成员身上发生的那样。

中意双边关系不只在经济和政治领域蓬勃发展,事实上,卡拉曼德雷在《中意文化关系》中所提及的每一点如今都已经实现了,这也得感谢1978年在罗马签订的文化合作协定和科学技术合作协定,两国得以启动在文化、科学和技术方面的一系列合作项目。此后,中意在文化、教育、科技等方面的合作得到长足发展。在2020年重读此文,我们不能不感到卡拉曼德雷的文章是具有前瞻性的,就像他在本书收录的另一篇文章中所写下的那句话那样:"中国不会像那些目盲者害怕的那样,在几十年内破坏世界的文明,正相反,它会促进世界文明和平地变革和进步。"①在当今世界,如果没有中国与世界其他国家,尤其是与意大利的文化交流,是无法想象的。两个文明古国,沿着丝绸之路,交流智慧结晶,传承千年故事。

因此,在本文的结尾,笔者想展望一下两国未来的关系,更确切地说,是两种不同的未来:一种是本书文章中所说的未来,即1956年的未来,可以看作我们的过去与现在;另一种是我们的未来,也就是在2022年以后将会发生的事。

2019年,中国举办了中华人民共和国成立七十周年庆典,更重要的是,它早已完成了——甚至是超额完成了——朱塞佩·巴尔别里在"中国的自然与人"一文中所描述的所有目标。作者用了很大的篇幅去描绘摆在新生中国面前的种种挑战,他是如此描述他所造访的这个国家在历史的进程中所走过的艰难路途的:

> 但是今天,这个封闭而遥远的、数世纪以来在神奇的长城后静止不动的民族正在大步向前。在国际和国内因素的推动下,

---

① *La Cina d'oggi*, op. cit., p.66.

一场针对传统结构的深刻变革正在进行着。中国正在从故步自封向着世界生活的主人公转变，从一个落后的国家向着进行根本的现代化改革的国家转变。①

20世纪50年代，巴尔别里笔下的中国还是以农村为主，城市中"有的城市很大，如上海有600多万人口，北京、天津有近300万人口，还有其他超过100万人口的城市。"②。曾经在那个时代去上海游玩的人，会怎么看待今天的上海——这个近来人口已经超过2400万的超级大都市呢？如果巴尔别里有机会参观众多散布在全国各地的技术领域前沿的任何一个研究中心，他还会认为中国人是"靠这片土地上的农业资源为生的"吗？

读到巴尔别里提及的国家现代化的相关问题时，人们不禁为中国在短短七十多年里所取得的一切成果而感到自豪，这甚至超出了最持怀疑态度的批评家的预期。巴尔别里由此开始列举中国必须要克服的挑战，主要分为两类："首先是经济发展问题，这与社会、文化、政治发展密切相关。"③然后，教授接着提到了通信和运输工具（譬如说，道路、铁路和机动车）的缺乏；对交通工具燃料的需求；还有洪水和饥荒。不幸的是，这些问题从古至今一直伴随着中国，甚至由此衍生出了神话与传说。第二个问题则是社会方面的，也就是巴尔别里所说的"人口问题"，这显然与社会进步使得平均寿命延长有关。"人

---

① *La Cina d'oggi*, op. cit., p.208.

② Ibid., p.212.

③ Ibid., p.217.

口的年增长量好像是1200万左右。……在未来,人口增长问题无疑是中国人需要面对的最实际的、最具有挑战性的问题之一。"①

身为"未来"的读者,我们可以让巴尔别里宽心了。自20世纪70年代末开始实行改革开放政策以来,中国逐渐转变为世界第二大经济体,成为全球经济增长的引擎之一,创造了通常所说的"中国模式",这足以让全世界的学者感到震惊。②中国建造了许多的道路、铁路和桥梁,连接这个国家的每一个角落,这也为我们这个时代以及未来的运输与经济发展提供了替代方案。洪水已经被雄伟的堤坝所制服,饥荒对于中国人来说也不再是个问题了。中国的马克思主义学者总结道:"中国奇迹的内涵,可以概括为三个方面,即经济社会发展的效益和质量、人民生活水平的显著提升、国家综合实力和国际竞争力的提高。"③

但这绝不意味着通往未来的道路就不会有任何困难了。中国越来越强大了,与此同时,它的人口数量也在很快地增长,这在今天依然是一个挑战,就像六十多年前一样。如今,中国和意大利所面临的挑战都与过去的截然不同。就是说,不再只是巴尔别里提到的经济和社会文化问题,还需应对国际层面的挑战,以维护世界和平稳定。其中一些或许是最出乎意料的挑战,使意大利和中国以前所未有的方式紧紧依靠在一起,形成一种难以分割的联系。

在时间线上最靠近我们的例子,在2020年也就是原定中意文化

① *La Cina d'oggi*, op. cit., p.218.
② 张博颖主编:《中国特色社会主义为什么行?》,天津人民出版社,2014年,第21页。
③ Ibid., p.130.

旅游年里,遭遇新冠肺炎疫情的全球大流行,两国关系在协同合作中更加稳固。意大利和中国的医疗队为了共同的利益——全体人类的利益——而并肩作战。尽管政府间的互帮互助发挥了基础性的作用,两国民众之间也不乏友爱之举,其中一些被女作家胡兰波记录下来。①她是意大利知名度最高的华人之一。事实上,为了增进两国友谊,不只需要双边协议和财政计划,普通人的小举动也很重要。就像西塞罗写的那样:"历史是生活的老师。"中意两国交往始于千年前,得益于古人想要认识异域的好奇心。这段历史以兄弟情谊的形式展开,如今又回到了原点,两国将迎来新时代的曙光。路易·艾黎在他文章的末尾表达了同样的看法,他强调:

> 里奇以"利玛窦"之名为人熟知,卡斯蒂廖内则被称为"郎世宁"。当利玛窦看到元朝与马可·波罗同时期的郭守敬的精良仪器时,惊叹不已,就在中国继续进行天文研究。郎世宁则成为有史以来最擅长中国画的西方画家。他们俩是建立文化交流的先驱,是新时代的先驱。在这个时代,科学家与人民的关系将越来越紧密,他们需要和平、友善的工作环境。透过历史,他们深知什么力量会带来分裂和战争。②

现如今,维持文化平衡,或者说在类似中国和意大利这两种不同

---

① 参见 Lanbo Hu (a cura di), *Italia, noi restiamo qui: come la comunità cinese ha vissuto l'epidemia* (Roma: Cina in Italia, 2020).

② *La Cina d'oggi*, op. cit., p.179.

但相近的文化间充当使者的角色,不再是外国传教士、商人或者政府代表团的责任了。如果说过去的标语"中国很近"隐含负面的内涵,是对一种临近的危险的恐惧,那么今天它就是描述事实,是两国决定友好合作的产物。中国与意大利很近,我们每一个人都有权利和义务成为文化大使,倾力搭建拉近两国距离的桥梁,照亮那些如今依然存在的黑暗角落,以促进彼此的理解。下一代的、未来的文化大使,是那些到意大利留学并在斗兽场前惊叹的中国学生,是在中国向学生讲解两国交往历史的意大利教师们,是那些一生致力于解开丝绸之路谜团的研究者们,是在中国剧院的舞台上演出普契尼的《图兰朵》的艺术家们,是帮助我们消除误解的文化调解人们。那么,让我们重温皮埃罗·卡拉曼德雷的历经六十多年依然振奋人心的话语吧,这些话似乎正是为了将接力棒传给下一代文化大使,为了恢复过去、现在与未来的平衡:"让我们看看长城那边有什么。只要亲眼看一看,我们会发现那里有春天"。[1]

(刘敏茜 译)

---

[1] *La Cina d'oggi*, op. cit., p.72.

皮埃罗·卡拉曼德雷在黑板上写下意大利工人致中国劳动者的问候
（1955年拍摄于鞍山的炼钢厂，贾忆华供图）

代表团成员参观工厂
（1955 年拍摄于鞍山，贾忆华供图）

Ⅱ │ 《桥》特刊《今日中国》文选

该部分内容为1956年出版的意大利期刊《桥》的特刊《今日中国》的选译文章,其成文时间为20世纪五十年代,文中涉及事件及风物皆发生于该时段。

北京与罗马之间的大路^①

敬爱的朋友们：

　　首先请允许我向意大利人民致敬，并祝新年愉快！

　　意大利人民和中国人民，据我看，有一个极相似的地方，就是我们对自己的悠久历史的骄傲。北京虽然没有罗马那么古老，可是离城不远就可以看到二千年前建筑的万里长城。是的，咱们两国人民是既生活在今天，也生活在历史里，我们的先人所能创造的，我们今天还能创造，而且创造的更好一些。就是这种深入人心的历史感觉——或者应当更恰当地叫作民族的自信心——使中国人民一想到意大利，就也想到古代罗马和文艺复兴，同时也就想到今天意大利人民的前途必是光辉灿烂的。我们怎么相信自己，也怎么相信你们。我们相信意大利人民今天在世界和平事业上的供（贡）献，必能媲美意大利人民以往对人类文化史上的供（贡）献。我们切盼能够看到你们现代的文学作品和艺术作品，以便向你们学习。这不是我们的偏爱，而是我们的很自然的衷心的渴望——我们爱慕你们的历史，也钦佩你们今天的成就。我想，这种渴望是咱们双方的。那么，咱们之间

---

　　① 译自老舍献词的意大利文版标题（La strada fra Pechino e Roma）。

的文化交流与人民的往来是多么迫切的需要啊！朋友们，就让咱们交往得更亲密，更多交流一些有利于世界和平的思想与经验吧！

条条大路通罗马。罗马—北京确有一条大路，那就是中意两国人民的友谊！朋友们，让我们共同努力把这条大路修得更宽更好吧！

敬祝

健康！

老舍

北京，中国作家协会

一九五五年，十二月廿日

桥

敬爱的朋友们：

首先请允许我向意大利人民致敬，並祝新年愉快！

意大利人民和中国人民，据我看，有一个极相似的地方，就是我们对世界文化史都骄傲……

1956年《桥》特刊《今日中国》老舍先生献词（1）

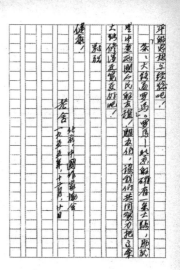

平等的友谊与繁荣吧！

茶、天经地义吗，罗马—以至全意大利的朋友们，让我们共同努力把这举
生活与文化的国会民繁荣，朋友们，很我们共同努力把这举
大概修建展览会友好吧！

敬献！

老舍
北京·中国作家协会
一九五六年十月十日

老天利，祝此地利友此华画批名艺复兴，同时也祝利今
天意文利与人民的苗连为发光彩绚烂的。我们怎么样期待你们
无，必定会期待你们的。我们期望意大利人民今天在新文化史
上的供献。我们切别物相看意大利人民艺术作品和私术
作品，以像向你们学习！
很前坐如卷"的过兴！我们爱你们的过去，
之通的文化交流与人民的友谊我批华，友多友深一开有利于世界和
桥，就像附门的交推宣批评，友多友深一开有利于世界

8　　　　　　　　　　　　9

1956年《桥》特刊《今日中国》老舍先生献词(2)

给意大利文化代表团

对于我，意大利曾经是一个梦；

我知道，它那里有灿烂的阳光，美丽的风景，

西西里的波浪终日低语，

人民是热情、勇敢、而且聪明。

此刻我们促膝倾谈。

无限的感情充满胸中，

我坚信，有一天到处都能够自由往来。

所有的叹息化为歌声。

井岩盾

一九五五年十月

12

给意大利文代表团

刹那光、忽、时到、君临是一个梦
我知道·它印、新面煙、如阳光、美、若、此、音。
西西里的、波、终日、椒、语、
人民、是、热情、真、勇、而、且、聪明。
此刻、我、们、促、膝、傾、谈、
无、阻、而、废、慢、无、涯、中、
我、坚、信、不一、主、到、是、新、的、妙、自、的、往、来、
所有、的、唏、嘘、都、化、为、歌、声。

" PER ME L'ITALIA È COME UN SOGNO „*

Alla delegazione culturale italiana
ottobre 1955

Per me l'Italia è come un sogno
* in* che vi splende il sole
meravigliosi sono i paesaggi
le onde del mare di Sicilia eternamente sussurrano
il popolo è sensibile coraggioso intelligente
In questo momento noi conversiamo seduti accanto
toccandoci l'un l'altro colla mano il ginocchio
col cuore pieno di amicizia senza confini
Sono sicuro che verrà un giorno
in cui potremo liberamente circolare in tutto il mondo
e tutti i nostri sospiri si cambieranno in canzoni

TSIN YEN-DEN

* Traduzione dall'autografo cinese riprodotto nella pagina a fianco, a
cura di Hong Sing e Maria Tchou Mann.

1956年《桥》特刊《今日中国》井岩盾的献诗——《给意大利文化代表团》

马可·波罗桥

《桥》编者序

这本关于《今日中国》的作品集,是对伟大小说家老舍代表中国作家问候意大利文化界的友好回应。老舍先生为了与他的同胞一起重建伟大的祖国,最近刚从美国回到中国。正如老舍先生在致辞中写的那样,这条连接北京和罗马之间的文化之路已经存在了几个世纪。我们想通过《桥》的特刊,为铺平和装点这条伟大的文化之路贡献绵薄之力。我们将这本象征着友谊的作品献给中国的作家们。在最近的中国之行中,他们热情好客,人情味浓厚,渴望理解,给我们留下了难忘的印象。

就在该访问中,最早产生了出版特刊的想法。在中国停留的一个月里,我们意大利文化代表团的所有成员不仅参观了北京,还参观了中国东北地区的工业中心沈阳、鞍山、抚顺,以及南方的大城市上海、杭州和广州。[①]

---

① 经意大利政府同意后,意大利文化代表团于1955年9月18日从苏黎世乘飞机出发(途经布拉格—莫斯科—鄂木斯克—伊尔库茨克—乌兰巴托—北京),于9月24日到达中国。代表团在中国访问至10月24日,从南方乘飞机回国(香港—孟买—开罗—罗马)。访问由中国人民对外文化协会邀请和接待,由"促进与中国经济、文化关系研究中心"组织成行,该中心主席为费鲁乔·帕里。本次意大利代表团的成员包括大学教授博比奥和法学学者卡拉曼德雷、化学家杜里奥、生理学家马尔加里亚、心理学家穆萨蒂、病理学家贝内代蒂、精神病学者鲁杰里、作家和记者安东尼切利、巴巴罗、贝尔纳里、卡科帕尔多、卡索拉、福尔蒂尼、皮齐内利、特龙巴多里、汉学家雷日斯女士、建筑学家贝兰达以及画家特雷卡尼。

在访华的那个月里,意大利代表团的活动安排密集而高效。我们抵达后,周楠女士通过一组译员,在整个旅程中热心地指引和协助我们。大家一起商定参观和调研的行程,以满足代表团不同成员的需求。每个人都渴望收集到与其研究对象相关的数据。精心设计的时间安排,使代表团得以集体游览中国传统文化中最具代表性的名胜古迹,观赏艺术收藏品,参加国庆节活动。此外,代表团还可以分组观摩新中国正在进行或准备进行的最重要的重建和社会改造工程:炼钢厂、机械厂、矿山、农村合作社、科学机构、法院、养老院、图书馆、剧院。访问的同时,代表团成员还能调查采访许多干部和专家,他们都非常热心地答复了我们准备的调查问卷。

这期《桥》收集的部分作品,直接讲述了这次访问经历,多为随笔或个人回忆文章。几乎所有意大利文化代表团成员都为本期特刊撰文。另外,1954年10月的意大利访华代表团人数虽然不多,也有一些成员为特刊撰稿。

但是,为了避免这期中国特刊只成为一个主观旅行印象的合集,而显得仓促、零散和肤浅,我们想与意大利学者和外国学者合作,特别是与研究当今中国历史和政治经济问题的专家合作,请他们撰写评论性文章。还请了长期生活在中国的人士收集有关中国文化活动的各方面文献资料,他们能够直接利用和筛选相关的原始素材。

最后,鉴于革命为古代中国的艺术传统注入了新的精神活力,为了更好地拉近读者与中国人民的精神与变革的距离,本刊的后面收录了当代中国重要的作家、小说家和戏剧家的作品的译文选篇,有些译文是从中文直接翻译过来的。我们还收录了一些古代诗人和现代诗人的诗作,通过比较这些文章,可以看到艺术上的创新并没有阻碍传统的延续。

刊末附有一份特别的名单,上面是帮助我们编纂特刊的合作者的资料。

我们并不奢望这本特刊能对今日的中国做全景式的描绘。中国领土辽阔,精神内涵丰富,有几千年的文明,正在进行宏大的社会变革。即使想概括介绍这样的国家,也还需要更多努力,需要更深入的挖掘。特刊只想作为一个见证者和一个开端,让意大利读者得到不受党派目的所左右的初步认识:这个人口占全人类四分之一的民族,正在进行一项浩大的精神和社会复兴运动,该运动必将在未来几十年影响世界的命运。如果还像过去十年来意大利政府所做的那样继续忽视中国,就非常愚蠢了。政府坚定地与中国建立外交关系是必然趋势,但是,在此之前,也就是说在政府和唯一的、真正的中国建立外交关系之前,文化上的交流不需要等待官方的介入就可以开辟道路:研究院、大学、科研机构、出版社、戏剧和艺术团体,以及学者和艺术家个人,只要他们愿意,就可以立刻以个人之力开始交流。现在,对于这样的交流,外交部门即便不反对,也没有给予更多的助力。

我们也希望本期的期刊名具有象征意义。在距离北京十几公里的永定河上,有一座非常古老、壮观的桥,马可·波罗路过它时,留下了这样一段赞美的话:"这是一座美丽的石桥,请你们相信我,很少有桥像它这样美丽。它有三百多步长,至少八步宽,十个人并排骑马也能轻松通过。"这也是时至今日它被称作"马可·波罗桥"的缘起。通过这座桥,中国文化和意大利文化可以再次相遇、相知。

(黄华珍 译)

卢沟桥被意大利人称作"马可·波罗桥"

（1955年拍摄于北京卢沟桥，贾忆华供图）

皮埃罗·卡拉曼德雷和妻子阿达
（1955年拍摄于北京卢沟桥，贾忆华供图）

阿达(右)与中方翻译(左)

(1955年拍摄于北京卢沟桥,贾忆华供图)

卢沟桥近景
（1955年拍摄于北京卢沟桥，贾忆华供图）

看长城那边

皮埃罗·卡拉曼德雷[1]

时至今日,仍有人认为中国照旧过着千年不变的生活,生活在古代皇帝们为抵御北方的入侵而修建的长城背后,封闭而又难以理解。确实,即便是今天,对于那些通过蒙古领空进入中国的人来说,首先映入眼帘的仍是传统的中国长城。一越过戈壁沙漠,我们就可以清楚地看到,在险峻的山脉轮廓上,长城像镶嵌在群山间的花边,蜿蜒曲折伸向远方,经过一座座山巅,如同立体地图中的边界线,每一个小点都是一座烽火台。不久之后开始看到绿色,我们到了北京。

但是今天真正把中国同西方隔开(或者说想要隔开)的阻碍不再是长城,而且这种阻碍不是由中国人造成的。

在长城后面生活着一群伟大的人民。他们有六亿多人口,是全人类的四分之一,每年增长约一千二百万人口。但更重要的是因文明而伟大:这不是一个有些人臆想中的消耗殆尽、江河日下、沦为传统虚伪、繁文缛节的文明,而是一个新鲜、开放、热情、自发的文明。那些在五十年前或只在二十年前见识中国的西方游客,如今再次来

---

[1] 皮埃罗·卡拉曼德雷(Piero Calamandrei):1955年意大利访华文化代表团团长,意大利著名法学家、作家、政治家、佛罗伦萨大学民法教授、意大利林琴学院院士、意大利大律师协会主席,曾任佛罗伦萨大学校长、国会议员兼宪法起草委员,是反法西斯主义者、意大利行动党创始人之一。——编者注

到中国,都不能相信他们的眼睛。中国发生了什么?在不到十年的时间里,这样的奇迹是怎么发生的?

人民重获安宁、信心和劳动的乐趣,劳动从奴隶般的屈辱变为公民的尊严。这群面带微笑的人们,驾着原始的交通工具往来于老路上,或是在广阔的稻田里,继续操着已沿用千年的古老农具。让他们得以重焕青春的是一个伟大的发现:他们在劳动中重新看到了社会的团结,并在劳动中重新找到了人类社会的实践途径。劳动不再是一种惩罚,而是对自由和平等的肯定。人们辛勤劳动,不因对金钱的渴望而受折磨,不为积累个人财富而劳动,而是为着一项伟大的共同事业进行协作。这对每个人揭示了打破孤独围城的秘密。在这座围城中,西方人等待死亡,为自私所束缚,在无法把财富带进棺木的绝望中耗尽生命。

如今来中国的人,在感受经济改造之前,会先感到道德的重生。经济改造仍在进行之中,在达到宪法制定的目标之前还需要数十年的时间,但是道德的重生已经实现。这种精神超越了经济,这种道德净化,这种乐观年轻的氛围,这种自发的欢乐不是社会变革完成的结果,而是社会变革目标所激发的动因。这一目标深入人心,人们坚信走在这条路上,目标将会变成历史。我不知道这种意识先于物质的现象是否严格符合正统马克思主义的原理,但先后关系在这里是显而易见的。"太初有道",有开头就有希望。这种希望足以让古老的民族重新焕发青春,让人民重新获得安宁的内心和坚忍的意志,并且能够持续几十年,促使希望变为现实。

即使是国庆节也与我们既往的陈旧印象截然不同,与我们过去想象的专制的、死气沉沉的集会没有任何相似之处。在天安门前,我们目睹了连续四个小时不断经过的队伍和一片色彩柔和而新鲜、自发又自然的蓬勃盛开的景象。这是田野的鲜花才有的色彩,就像春天大草原上桃花盛开,在我们面前神奇地舞动着,显得绚烂夺目。在道路两旁涌动着的、平静的、五彩斑斓的人流之上,彩旗和国旗的森林与舞蹈的节拍相和,一群群鸽子展翅高飞,气球和龙形风筝飞向天空,人们挥舞着写着金字的丝带。这不是一个靠指挥行进的队伍,这是一首歌,是一支舞,是集体的自发流露的欢乐。所有的人都在庆祝,因着自然的规律,因着新季节的规律而不可抗拒地绽放。

"您认为人们为什么而活在世上?"我们中的某人问一位中国姑娘。"为了幸福!"她回答道。是的,这是中国人民的幸福所在,就是为了共同的事业而一起工作,在个体的生命结束后,共同的事业仍在继续。社会的延续性与人类面对未来的团结精神是人想到死亡时的唯一安慰。

我完全理解了"同等的社会尊严"的意义。我们宪法中这第三条内容仅仅以文字形式存在,在这里我却亲眼看到了。在和睦而不拘谨的人际关系中,我们自然地感到所有人在人格上受到了同等尊重。因此,尽管语言上存在差异,作为外国人,我们在与中国人接触时,同样能感到他们不会傲慢自大、冷落他人,也不会让你觉得他们是逢迎的,他们会带着毫不夸张的热情、淳朴,自然地与你相处。

如果我们尝试找一句口号来概括这种道德重生的丰富内涵,我们的嘴边会不由得蹦出一个在意大利也同样神奇的词汇——解放。这个词对于意大利也如此,它在几个月(或者几周)间重新唤醒了人们心中对于希望的渴求。十年之后的今天,在中国仍能深切地感受到这种热望。为了理解今天的中国,不应忘记它刚从二十多年的对外战争和解放战争中走出来。今天的中国领导人,正是领导和依靠人民用二十多年时间反抗内外敌人直到胜利的那些人。

解放对新中国来说首先意味着战争的结束、国家的安定。"军阀"不复存在,不再有强制征兵、军官的掠夺和不休的屠杀。今天整个中国是和睦的。

解放意味着中国人民独立自主,意味着外国势力、殖民统治的终结。衣衫褴褛的中国人挥汗如雨地拉着黄包车,欧洲殖民者舒适地躺在上面,这种陈旧画面只存在于新中国遥远的屈辱记忆中,人们已然释怀。新中国不再有仇外情绪,只有友善和渴望理解的真诚。中国人已重获平等坦诚地讲话的权利,他们再也不用假装掩饰自己的不满了。

对于中国人民来说,民族的解放伴随着社会的解放。社会主义的经济改造开始了,同时伴随着政治的保障,以保证循序渐进但又不可逆转的发展。还有,从现在开始,把人民从饥饿中解放出来,从各种贫苦的悲惨境地中解放出来。

所有这些都带有革命的印记,胜利不仅是在军事层面的,也是在社会层面的。这正是今天中国的伟大秘密:国家的领袖们是从革命中产生的,他们在品德和政治上经受过艰巨考验。在这场传奇般的万里长征中,人们志同道合,准备为自由而牺牲生命。他们从全国各地走到一起,信念坚定,如同被神秘的号令感召,他们来到西北地区召开会议。艺术家和作家涌入红色延安,在仍处于战时的情况下,为和平与变革做准备。与此同时,他们开始在相继解放的地区给农民分配土地,像搞试验田一样,帮助农民实施伟大的农业改革,使其成为新中国成立后整个中国社会变革的基石之一。

只有那些拥有杰出品质的人,才能在这场既是战争又是革命的艰苦考验中坚持二十年之久:经过流血牺牲的磨炼,一个新的政治阶级形成了。说到底,这不是通过突袭建立的专政,而是通过精神"长征"的艰辛准备而获得的军事上和政治上的胜利。中国所有追求自由的人、知识分子与工人汇集在这里,以二十年的经验为基础,朝着更明确的目标前进。

这就解释了为何连艾德礼(Clement Richard Attlee)都不得不在中国之行中承认:"最值得关注的是,当今中国政府被真正的现实主义和热忱的民族主义所激发,是一个真诚地关心人民福祉的政府。"

革命是今天中国领导层的学校,是这些诚实、勇敢和经验丰富的人们的学校。

回意大利以后,有很多优秀的人向我们提问。他们虽然从未见过中国,从未读过有关于中国的资料,但是却做出知道很多、不愿被别人的天真愚弄的样子。他们问道:"你们真的确定你们所看到的一切不是大规模宣传的结果吗?你们真的确定这个政府建立在人民的普遍认同上吗?"

说实话,仅仅在中国停留过一个月,我们的回答应该是非常谨慎的。中国是一个幅员辽阔的国家,虽然我们尽力去收集准确的信息,并用我们的眼睛观察周围(我们收集信息的要求从未遭到拒绝,我们参观的愿望不能满足的情况也没有发生)。我们在这个月的旅行中的记述,只能算是一个未经加工的印象集合,多是感性的、浅显的、仓促形成的印象,而不是严谨的科学调查。然而,非常有意义的事实是,尽管我们的代表团包括不同文化背景、教育背景与政治倾向的人们,尽管我们有不同的兴趣,但是每个人得出的结论实质上都是相同的:我们不仅支持新中国,而且真诚地欣赏中国,可以说我们几乎是在感动中访问了中国。

一群具有不同学术背景的意大利学者,收集了有关今日中国的资料并呈现在本书中。通过向意大利公众介绍这本文集,我们意在向读者提供一系列看起来值得思考的话题和问题,而不是一本结论性的指南。但是不能低估这样一个事实,虽然所有人出于不同的政治前提,我们却都一致同意对新中国的积极评价,近年访问中国的其他代表团的民主支持者也做出了同样的评价。例如,《精神》期刊最权威的作者之一——斯特拉斯堡大学的利科(Paul Ricoeur)教授(他为本书撰写了一篇非常精彩的文章,我们很荣幸能够与他合作)。又如我刚刚提到的,前工党首相艾德礼于1954年9月在《新闻报》上发表书信支持中国。在当今的工党党员中,他的话体现了最权威、最正统、最严谨的民主代表的观点。

尽管有所保留,但是对于那些问我们现任中国政府是建于恐怖还是普遍认同之上的人,我们可以肯定地回答,当然是建立于普遍认同之上而并非恐怖之上的。我们这样回答,不只是因为自由和自发的感受写在所有人的脸上(不仅体现在节日的人潮或者是接待我们来访的队伍中,还体现在路上偶遇的行人中,或是不经意间观察到的、在田间与工地上偶然碰见的独自工作的人当中)。这一切不可能是宣传的伎俩。还因为,如果一个政府能够保障国家的和平和独立、农民的土地、工作的安全、工人的面包、女性的公民尊严和家庭尊严,就不可能没有绝大部分人民的普遍认同。为了理解这种普遍认同,也为了理解中国人民与当今的执政者在这个伟大事业中合作的热情,有必要回顾昨日中国的样貌:残忍的封建地主、无法无天的殖民者、敲骨吸髓的高利贷者、腐败的法官、中饱私囊的官员、枭首示众后放在笼中挂在城楼门之上的头颅、鞭子、卖淫、黄包车、乞讨、鸦片、饥荒、瘟疫、使人心惶惶的夜间犯罪、苍蝇、狗……所有这些,都存在于昨日的中国,在今天都已不复存在。谁敢说,实现这个奇迹的政府,不是建立在人民的普遍认同之上的呢?

谁要是继续把中国人民想象成是恐怖枷锁下的奴隶之群,谁就不能理解这一让道德与文明重生、让人类意识苏醒的巨大浪潮。这不可抗拒的浪潮不仅在中国兴起,而且也在整个亚洲兴起,它不会像那些目盲者害怕的那样,在几十年内破坏世界的文明,正相反,它会促进世界文明和平地变革和进步。

…………

20世纪三四十年代,中国历经了漫长的战争,它以一场伟大的社会革命的胜利而告终。通过这次革命战争,中国彻底消除了外国统治、封建土地制度和唯利是图政客的年深日久的压迫和祸害。他们打着民主的旗号,掌握了权力中枢,以牺牲人民利益为代价满足自己的私欲(即所谓的"官僚资本主义")。妄想可以通过议会政府的形式,在没有暴力、没有牺牲的情况下结束如此持久、深入的革命战争,是很天真的。每一次革命都有自己的形式,借鉴西方议会制度的自由民主实验,始于孙中山的宏伟梦想,以蒋介石不光彩的窃取权力而告终。西方议会制度的自由民主实验虽然有利于在中国引入西方的自由和社会正义思想,但是它无力进行中国复兴所需要的深刻的社会变革。

另一方面,一定不能忘记中国的社会革命仍在继续。我们必须自问,鉴于中国的历史条件,通过民主自由主义的形式和西方社会推崇的"自由经营"这唯一信条,能否实现中国正在进行的社会改造事业?大家可以认真思考一下,一个几千年来一成不变的经济能够在没有社会主义计划的情况下,在短暂的几十年间达到西方先进民族的水平吗(就像正在发生的那样)? 土地改革、工业化、江河治理、通信问题、扫除文盲的斗争、扫除娼妓的行动,这些过去和现在的问题,在这个国家的历史背景下,能指望通过地主、妓院经营者和鸦片贩卖商的自由活动而得以迅速解决吗?

面对诸多问题,每一个诚实的观察者都应该认识到,在中国这样的历史条件下,解决这些问题的唯一可行途径就是将社会主义计划上升为纲领性宪法。宪法将政治自由的范围限制在社会主义建设的范围之内,这也是宪法合法性的界限。自由是为了落实宪法而不是为了破坏宪法。

这个伟大的民族不仅重建国家的统一,而且通过一项高瞻远瞩的广泛的地方自治政策,将使用不同语言的民族(所谓的"少数民族")统一在自己的领导之下,赋予少数民族绝对平等的权利和义务,对其宗教和语言给予最周到的尊重,形成一个和平的、政治稳定的多民族的国家。

…………

如果说到有一个民族因其历史和特质而有理由亲近中华民族，那就是意大利民族。中国和意大利都有着悠久的古老文明，这些文明成熟于相继经历的灾难与重生、死气沉沉的衰败与艺术家和诗人的奋起复兴中；成熟于外国侵略和重新赢得自由的慷慨激情中；成熟于数百年被奴役的萧条时期，在被统治的外壳之下，在磨难中历练出的新的民族智慧、聪明仁爱以及人性光辉的延续中。在欧洲或许只有我们意大利人可以与中国进行数千年的对话，并且像他们一样，将一层层的墓土踩在脚下，在这墓土上燃起文明之火，没有任何人事变迁能够将这团火焰熄灭。在中国，几乎与苏格拉底同时代的孔子的语录，给人的尊严提供了对我们同样有效的衡量尺度；在罗马，诞生了今天仍然标志着我们社会水平的法律思想。在中国，绘画已经达到了现今中国艺术家们仍要继承的登峰造极的水平；在意大利，伊特鲁里亚画家们已在坟墓中埋下了佛罗伦萨的文艺复兴绘画的种子。马可·波罗的游历并不是一次孤立的冒险，而是一种精神相似性的象征，将两个跨越大洲的文明紧紧连在一起。

一个伟大的民族再次把命运掌握在自己的手中，它想要从传统中汲取力量，并展望未来，为六亿多人民带来和平与生命尊严。谁能阻止这一切呢？置之不理有什么用呢？有些人对此感到惊恐，但当任何一个民族重新肯定它在文明中的存在时，全人类都应该把这一回归作为一种共同的幸福而欢呼。

欧洲应当与亚洲相遇，重新开始平等、自由的对话。让我们看看长城那边有什么。只要亲眼看一看，我们会发现那里有春天。

（郑天惠 魏薇 译）

皮埃罗·卡拉曼德雷夫妇在中国观看国庆游行
（1955年拍摄于北京天安门观礼台，贾忆华供图）

各国代表在中国观看国庆游行
（1955年拍摄于北京天安门观礼台，贾忆华供图）

中意文化关系

皮埃罗·卡拉曼德雷

1955年10月12日，意大利文化代表团受（中国）文化部副部长的邀请参加座谈，探讨常态地、系统地加强意大利与中国之间文化交往的现实可能性。大多数成员都参与了长时间的热烈的讨论，代表团随后将交流内容整理成一份《备忘录》呈交文化部副部长。我们表示，尽管代表团不具官方性质，也没有在文化领域开展谈判的权力，但每个人都在各自领域以个体文化人身份（大学教授、学者、专家、作家和艺术家）努力，尽力实现加强中意文化交流的目标，因为我们认为这关系到两国共同利益和东西方的合作，而东西方的合作是世界和平的条件。

我们在长时间的座谈中，主要从两个方面来讨论中意文化交流问题。一方面，民间无须政府干预和官方的直接协议，便可以自发开展文化交流；另一方面，以法律上承认中国及两国恢复外交关系为前提进行文化交流。

我们实际上已经看到，在恢复外交关系之前，只要我们的政府不加以阻挠，大部分的文化交流活动能够以非官方的形式展开。我们可以与中国进行自由、正常的信件往来，邮寄印刷品和包裹也是如此（空运需要十天，普通方式需要大约一个月）。人员往来有可能不再困难重重。尽管我们政府没有正式承认中国,尚未承认中国的合法护照,但是没有拒绝赴北京的签证,也不再对其进行制裁。没收返回者护照的谢尔巴政府已消失在历史中。

于是,在两国外交关系正常化之前,现在已有可能开展实际的文化交流。其他西方国家已在进行这种交流,尽管他们还未与中国建立外交关系,却已缔结了文化交流协议(最近埃及就是这样)。

一

最简单的文化交流形式,是互相寄送书籍以及科学和文学的期刊、艺术品的复制品和乐谱。这种交流已在进行。语言是影响交流效果的最大障碍。中国已做好准备,由国家文化机构负责,将他们最重要的法律与当代政治家、小说家和诗人的作品译成英文和法文。同时出版英语和法语杂志,内容是关于全体中国人民正在进行的社会和文化重建事业的各方面讯息。这些出版物也在意大利广泛传播①,学者们可以从位于罗马(蒙特西托里奥广场115号)的费鲁乔·帕里任主席的"促进与中国经济、文化关系研究中心"直接获得。②但是为了发展比简单信息交换更深入的关系,两国需要直接对原著进行系统地翻译,译作不仅要有当代作品,还应包含古典著作,以便让意大利民众确切了解中华民族悠久的文明及中国传承不绝的文化延

---

① 《中国》(*La Chine*),配有插图的月刊(以中文、蒙古文、藏文、维吾尔文、朝鲜文、法文、俄文、英文、日文、印度尼西亚文和西班牙文发行)。《人民中国》(*People's China*),月刊。《中国建设》(*China Reconstructs*),月刊。《中国文学》(*Chinese Literature*)。以上刊物均在北京出版。

② 该中心每月出版《信息简报》(*Bollettino di informazioni*)。

续性。这对翻译意大利文化的代表性作品也适用。

意大利的汉学研究有着辉煌的传统。由卢恰诺·马格里尼（Luciano Magrini）任主席，位于米兰拉韦洛路5号的意中文化研究所就是该传统的继承者。①但是能将中文直接翻译为意大利文的学者很少。我认为能将意大利文直接翻译成中文的中国人更少。

我在后文会提到，译本问题与两国间的语言教育大有关系。我还认为，要达成翻译交流协议，意大利出版商应该尽快联系中国人民对外文化协会。在过去这些年，因为一些有远见的意大利出版社的工作，才翻译了部分古代和当代的中文著作（例如鲁迅的小说集，由费尔特里内利出版社出版）。不过据我所知，译作是根据英文版或法文版翻译的，即使这些译作具有珍贵的文学价值，翻译也是不够准确的。与其说是翻译，不如说是改编。除非对原文进行直接翻译，否则很难理解中国伟大的叙事文学作品或古诗著作的整体精神。

意大利作家的作品在中国也遇到同样的问题，尤其是古典著作。在北京的国家图书馆藏有四百二十万册图书（每年增加四十六万册，新中国成立前每年增加四万册），约有四万册意大利图书，但都是英文、法文或俄文的译本（我大略查阅了卡片目录后，找到了克罗齐的所有作品，不过都是英文译本）。意大利文原著非常少，估计连《神曲》在内也就一百余本，译成中文的就更少了。译成中文的当代意大利著作只有两本：一本是维加诺关于抵抗运动的《安妮丝之死》，另一本是罗大里的儿童读物《洋葱头历险记》。中国文学艺术界联合会向

---

① 该研究所定期出版刊物《中华文明手册》（*Quaderni di Civiltà Cinese*）。

我们要一份应该译成中文的意大利当代作品书单,主要是关于叙事文学和抵抗运动史的书籍。代表团成员商议后推荐了一些。这仍需几家意大利出版社来推动。出版社应与中国作家协会建立联系,制订翻译交流计划。

与此同时,我们可以立刻开展文学和科学期刊方面的交流,特别是交换学校和科研院所的科学学报、科学报告和书目简报。意大利林琴学院、意大利其他科学和文学研究院、高级研究委员会以及定期发布科研成果的高校机构可以同中国科学院交换他们的出版物(如果尚未进行交流的话)。1955年9月30日,中国科学院隆重地接待了意大利文化代表团,在交流中,副院长坦率地谈到,中国的科学发展在很多领域还很落后。为了摆脱落后的局面,中国的科学家需要与外国的科学家合作。

目前,中国科学院已经与五十七个国家交换出版物。北京的国家图书馆与三十八个国家的图书馆建立相互借阅关系,并与二十九个国家的三百六十三座图书馆相互捐赠图书:国家图书馆每年收到海外赠书三万余册,并给其他国家捐赠图书十二万余册。苏联的图书馆将本国最重要的科技著作送给中国,每部书送二百本样书,以便将其分发到中国的各图书馆。我们可以请意大利国家图书馆组织类似的活动,即便达不到同等规模。如果公立图书馆之间没有交流图书的可能性,应该可以组织交换目录或图书馆信息。意大利的出版社应率先向北京的中国国家图书馆赠送最重要的作品。例如,拉泰尔扎出版社为什么不能带头寄送《意大利作家全集》,或者让里恰尔迪出版社寄送数卷《意大利文学》,并请中国送给意大利一套中国古典作家的原版作品集作为交换呢？

不经政府干预，只由私人交换画作复制品、雕塑和建筑纪念物也是可能的。例如彩色插图集、配有大量插图的艺术史著作。中国的形象艺术无疑经历了一些危机，艺术家们吃力地寻找一条连贯的线索。让中国艺术既忠于传统精神，又能与欧洲艺术联系起来，这对于目前的中国艺术家来说仍属于未开拓的领域。中国的艺术家们对从伊特鲁里亚人到当代的意大利艺术的书籍非常渴求，因为理解形象艺术的复制品更容易、更直观，在这里语言差异不成为障碍。遗憾的是，有着上千年光荣传统的中国绘画和雕塑艺术，在最近十年，却只接触过从苏联引入的苦行圣徒画。要是交流的结果不尽如人意，也就没有什么可奇怪的了。

在艺术交流领域，互相组织艺术展览是很重要的。据公布，下一届威尼斯双年展将举办齐白石的个人展览。我们希望，司空见惯的缓慢的官僚效率，不会阻碍该计划实施。但是，在同时间段，为什么"中国中心"不能在北京组织一些类似的意大利艺术展览呢？作为第一次艺术交流的尝试，即便不从当代艺术家的个人展览开始，也可以展出十四至十六世纪绘画杰作的彩色精美复制品，我们可将其命名为艺术教育展览。这应该会引起中国民众的兴趣。

这些话也适用于音乐和戏剧领域，不应局限于留声机唱片和影片的交流（很容易发展起来），而应扩大到管弦乐团和歌剧团的交流。所有的意大利观众都知道，去年夏天北京的戏曲剧团在意大利的巡演受到怎么样的欢迎。我认为上海剧团也会激发同样的热情。上海剧团的演出特色不同，表演上没有那么激烈而更富感情色彩，但也能与北京剧团的表演相媲美。最近一个中国妇女代表团到访意大利，其中有歌剧表演艺术家郭兰英女士。她是广受欢迎的歌剧《白毛女》主人公的扮演者和主创者。从戏剧和音乐角度来看，《白毛女》是新中国成立后重要且有价值的戏剧作品。但据我所知，在我们的戏剧文化部门，没有哪位负责人想到借这位伟大艺术家访意的机会，尽地主之谊，表达我们的敬意，跟她探讨可否在意大利演出这部新中国的代表性作品。《白毛女》的演出肯定会引起我们的浓厚兴趣。伟大作家郭沫若创作的戏剧《屈原》非常富有诗意，对意大利观众来说也会是新发现。在意大利组织中国的器乐演出或音乐演唱会并不困难，特别是用欧洲乐谱标记的颂歌、歌曲和合唱曲目。

中国对意大利音乐的热情欢迎也不会逊色。中国人主要通过那不勒斯民歌(《我的太阳》《桑塔露琪亚》)认识并喜爱上了意大利音乐。在上海到广东的列车上，为消磨时间，我们的翻译洪①，请安东内利·特龙巴多里反复唱我们的古老民歌、阿尔卑斯山山地狙击兵和抵抗运动的颂歌，他为此着迷不已。他边听曲边将乐谱记到自己的笔记本上，再重新演唱。

一次偶然的机会给我带来这种感触：只要运用适当的艺术形式，我们的音乐就会在中国大受欢迎。为祝贺中国国庆节，所有的外国官方代表团聚集一堂，举办民间艺术演出，中国的领导人观看了演出(彼得罗·南尼也在观众席中)。每个代表团都带来一个本国的歌舞节目。其中，阿尔巴尼亚代表团的表演是由一位身着燕尾服的男高

---

① 据原文拼音 Hong 翻译。(下同)——编者注

音用阿尔巴尼亚语演唱《女人善变》,中国民众的反响非常热烈。我们完全尊重阿尔巴尼亚代表团,但是,我们更愿意由意大利歌唱家将威尔第(他非阿尔巴尼亚人)的音乐作品献给中国人民。

跟我谈论音乐的中国人,全都向我表达了他们的热切愿望,希望意大利的管弦乐和戏剧传入中国。我相信,如果我们的歌剧团带着威尔第或普契尼的作品来中国巡演,不夸张地讲,一定会受到隆重而热烈的欢迎——尤其是威尔第的伟大爱国作品或者《法尔斯塔夫》。

这些年,我们的几部电影受到了热烈欢迎,如《偷自行车的人》。在北京实验剧场用中文演出的哥尔多尼的《一仆二主》,是中国民众在当年冬天里最重要的戏剧活动之一。

二

政府需要直接干预的是促进大学教授、助教和学生的交流。私人交流也同样大有可为。

在此应该谈谈两国间的语言教学问题,即在意大利的汉语教学和在中国的意大利语教学。北京大学的外文系未教授意大利语,陪同参观的副主任坦率地告诉我们:"教授不拒绝同我们建立外交关系的国家的语言,才是当今更紧迫的任务。"

但是,在两国建交之前,根据高校间的协议进行外籍语言教师的交流,对中意文化也会是互利的。如果在意大利的主要高校设有汉语教学的岗位,同样,北京和上海的高校也将会有意大利语教学的岗位。

中国希望两国互派教授和助教,尤其是理工科(医学、生物学、化学、物理、数学、农学、工程学)。中国需要医学人才和技术人才,所以特别需要传授西方方法的教师,来培养医务人员和技术人员。如果我们的教授愿意长期在中国高校院所的实验室开展教学,将会得到崇高的敬意。如果我们的大学愿意接待的话,许多中国学者也会渴望来意大利进修。

在这方面,语言仍然是一种障碍。但对于去中国的意大利教师,或者来意大利的中国教授和学生,这种障碍是可以克服的,因为中国学者普遍掌握英语,还有少部分人会法语。如果来意大利的中国学者会讲两种语言中的一种,他们便可以在注册我们常规理工科专业课程之前,利用暑期去某些大学(如在佛罗伦萨或佩鲁贾),上专门为外国人开设的用英语或法语讲的意大利语课程。这样,他们就可以利用自己英语或法语知识来学习意大利语。如果能提前学习意大利语,等他们在冬季注册理工科常规课程后,就能更加有效地学习。同样,在以政府间协议为基础来系统组织师生交换之前,这样的交流也有利于开拓学校间在该领域的文化合作。只要有一所意大利大学设立一个汉语教师岗位,或者为年轻的中国毕业生设置一些医学和生物学的进修奖学金,就能以此为基础开启非营利的文化交流,从而为实现符合双方利益的和平、为减少政治隔阂乃至达成官方合作做准备。

在互利互惠的条件下,还可以用事实来证明文化独立于政治的有效性,以及保护文化自由的有效性,这是西方文明的基本原则之一。

(袁梦晨 译)

皮埃罗·卡拉曼德雷(左)与法维利(右)

(1955年拍摄于杭州岳飞墓,贾忆华供图)

阿达(右)与福尔蒂尼(左)
（拍摄于1955年，贾忆华供图）

亚洲世界与拉丁语世界

路易·艾黎[①]

　　公元前256年,第一次布匿战争期间,一个名叫刘邦的农家男孩出生在中国大地上。他在秦始皇统治下度过了童年与青年时期。这位残酷无情的皇帝建立了中央集权的封建王朝,并修筑长城以抵御屡犯边境的北方部族。

　　秦王朝衰落之际,多路起义军揭竿而起,争夺天下,其中不乏五十万人的大军。交战多年,虽然"西楚霸王"项羽看似胜券在握,农家青年刘邦,却凭借赤帜和亲民而非杀戮的政策,取得最终的胜利。刘邦成为汉朝的开国皇帝,汉朝统治自公元前206年直到公元220年。正是在这个历史时期,中国作为东方的统治力量,开始在亚洲开疆拓土。很多深入的研究充分表明,每当汉朝皇帝将他们的边境线向外推进一步,其影响就会辐射到所有中间地带的部落,以致罗马帝国的边境也受到影响。同时,匈奴人、阿兰尼人、斯基泰人,还有许多其他部族纷纷登上历史舞台。刘邦子孙们的军队沿着古丝绸之路进发。

---

　　① 路易·艾黎(Rewi Alley):1897年生于新西兰,1927年来到中国。至1938年,先后担任公共租界工部局消防处督察、工部局工业科工厂监察长。在抗日战争期间组织工业合作社。1942年,由于政治原因被国民党解职。此后在中国西北一个偏远乡村的技术培训学校里工作。现居北京。已出版两部日记:《有办法》和《人民有力量》。从事诗歌创作,翻译中国古代和现当代的诗歌(译自特刊附录的作者简介)。

其后他们在小亚细亚、在多瑙河沿岸,直至遥远的莱茵河下游,都曾遭到抵抗。为了继续进行利润颇丰的贸易,中国人仍然渴望和平,这是实现安定的首要因素。

正如普林尼写的那样,所有向罗马供应的铁中,"赛里斯铁"是品质最好的,由此可知罗马人早已深谙获取中国铁与丝绸的手段。中国边境的部落应该早就学会了他们的金属兵器铸造工艺,中国的手工艺人很可能同游商交换过他们打造的物件,再由游商将这些商品与部落成员进行重要交易。

总之,在汉王朝夯实国力的同时,边境线上的那些外族部落也更强大了。当我在黄河流域的鄂尔多斯地区收集斯基泰人的古青铜器时,我很好奇,为了定制这些装饰品,他们得付出多少兽皮和羊毛呢?因为我知道,在购买装饰品之前,他们应该已经买了剑、长矛和箭镞。

公元9年,王莽掌权。在那段时期,中国国库中积累的黄金比同时期其他任何帝国都多,足见其富庶程度。然而,王莽的对外政策未获成功,他没能维持安定的局面,而这是稳固统治所必需的。王莽倒台后,汉朝的最后几任皇帝为维持沙漠商路沿线的安定做出了新的努力,成效更加显著。公元97年,闻名于边疆的将军班超派遣使者甘英,去探访通往罗马及西方世界的道路。据说,甘英的行迹并未超过里海和波斯湾,因为他遇到了叙利亚的居民。作为跨亚洲贸易的中间商,他们决定保卫自己极其优越的地理位置。但是甘英给汉宫廷带回一些西方世界的知识。后来,在公元166年,汉宫廷接见了一位携着礼品的使者,他自称来自"安敦"的领土,沿海路取道安南而来。现在普遍认为,这个"大秦王安敦"很可能就是罗马皇帝马尔科·

奥雷利奥·安东尼奥(公元121年至180年)。

在甘英的西方之行中,有个值得一提的有趣细节,他发现有一群商人的行旅远超出汉军所到的最远地区,在遥远的地方贩卖来自中国四川省的物品。这也正好证实人们的猜测,在官府管理和征收丝绸之路的税收之前,早在为维持内部安定而扩大帝国统治之前,就已经有许多地域的商人通过陆路或海路,找到了往来通商的途径,以谋取利润。

在李约瑟(Joseph Needham)的皇皇巨著《中国科学技术史》中,还讨论过一个有趣的猜想,即亚历山大大帝的军队曾经驻扎在中亚,之后他们的一些后裔俘虏了古罗马军团。这是有史为证的。公元36年①,西域都尉甘延寿注意到一支特殊的军队,常常进行"鱼鳞阵"训练。甘延寿俘虏了这支军队,并将其带到了骊靬,即今甘肃西部的永昌。李约瑟在书中记录了他途经此地时所见的有粉白肤色儿童的数量。我在此居住了十年,可以证明他所言不虚。很显然,王莽把"骊靬"(读作Li-San②,也就是东罗马帝国常用名"亚历山大"的最后一部分O-li-san③)改名为"揭虏",意为"攻城擒获的俘虏"。还有个有趣传说(尽管缺少官方文献),在很久远的年代,腓尼基人的船只可能就已到达中国的海岸。被称为"泪币""米币"或者"蚁币"的形似古埃及圣甲虫宝石的货币,就证明了这种联系。

---

① 应为公元前36年。——编者注

② 骊靬:读 lí qián。——编者注

③ "汉初的史家将当时的罗马称为'黎轩'或'犁靬'。翻阅《辞海》,不难找到关于'黎轩'的解释,即古罗马的亚历山大城。"(张西平、马西尼主编《中外文学交流史(中国—意大利卷)》,山东教育出版社,2015年,第3页。)——编者注

　　说到那条穿越中亚的伟大道路，好像很早以前就真的有人走过了。诸如墨子关于"兼爱"和"非攻"的思想无疑是很有感染力的，在他和基督相隔的六个世纪中，这些思想很容易传播到西方去。在科技交流方面，李约瑟使用了丰富的史料，做了非常详尽的介绍。我认为，很可能早在新石器时期的人类开始制造器具并找地方交换物品时，就已经有人经过了这些道路。他们究竟是何时开始动身，向哪个方向去，这些吸引人的问题随着考古学的发展肯定会得到解答。我在中国的西部以及甘肃西部山丹的小绿洲里居住了十年之后，认为很可能有证据表明，早在著名的月氏人之前很久，就有人类从这些地区向西方迁徙，而历史上的月氏人最终南下到印度，在那里建立了贵霜帝国。

　　我在多年的旅居生活中，很自然地对山丹产生了特别的兴趣，我贪婪地寻找着一切相关的历史资料。据古老的阿拉伯文献记载，在公元前六、七世纪，路过的商人把这座城市叫作"Sandanbil"，并把山丹当作中国最发达的地方。他们谈论着山丹伟大的灌溉工程和丰饶的物产，对他们而言，这显然是一座非凡的城市。

　　六个世纪以后，闻名世界的马可·波罗一行沿着古丝绸之路来到东方，在甘州即今天的甘肃省张掖市落脚。他们把这座城叫"Campi-chu"，它坐落在今天山丹西部六十多公里处。他们在张掖改道北上，沿着被称为额济纳河的河流顺流而下，穿过一望无际的沙漠，并未经过山丹——如果经过多年动荡，它当时仍然存在的话。

　　山丹周边区域的史前遗址丰富。颇有趣味的是，中国的古代文献也曾提过这个地方。公元前四世纪战国诗人、政治家屈原，就曾神游此地,他称该地为"穷石",意为"粗劣的石头",或许和当地石器原料的材质有关。①在早期古典文献《尚书》中记载,公元前2000年,因治洪有功而闻名的水利工程师和夏王大禹,便来到山丹治理弱水,即马可·波罗一行途经的额济纳河的上游。我在这片土地上生活的几年里,在一个农村技术培训中心工作。我们到城郊的一些低矮丘陵去挖煤,在那儿有很多浅层矿藏。该地从露头层挖煤显然有着悠久历史。或许,马可·波罗在张掖看到的那些煤炭就来自这里。一块黑石头竟然能够燃烧发热,令他感到惊异。

在浅层煤藏的矿层之间,盛产优质陶土。附近的一个村落里,仍有些加工陶土的窑,建在其他更古老的窑址之上。在草地或是河流侵蚀岸的地表,可以找到大量的彩陶碎片。甚至在草地上也能时不时收集到石斧、燧石和其他物品。种种迹象表明,在非常古老的时代,也许比月氏人还要早很久,就可能已经有人类在这片丘陵上生活了。史前时期,林火或其他自然火灾会使煤矿温度升高,然后自然地硬化成陶土。这为原始人认识某种适宜的白垩土经高温加热后会发生什么,提供了宝贵的机会,使人类很容易地发现制陶工艺。

远古时期,在沙漠形成以前,通往西方的路会比通往东方的路更好走,因为后者多交汇于野蛮狩猎部族所栖居的山林。因此,通往西方的路可能是先有人迹的。第一批带着技艺上路的陶匠所穿过的也许就是这片区域。然而,渐渐地,他们遇到的人群变得越来越强大,道路越来越不安全。于是,他们最终在东方不太平坦的地区开辟了

---

① 见屈原《离骚》"夕归次于穷石兮"句。——编者注

一条通道,直至陕西和河南的平原。他们或许就是巴克族的"百姓"吧。①而与他们混居的中原人就是所谓的"黎民"或"黔首"。双方融合后产生了商殷的统治者。商殷已经进入历史记载中。这片区域可能是史前陶罐艺术的发祥地,它先向西传到欧洲,再向东传,使之成为世界的陶瓷中心。我在山丹时,每每想到这些就感到兴奋。

令人欣慰的是,如今科学考古学获得了应有的关注。中国科学院的工作系统而有序,足以承担新时代所需的庞大建设项目。每个公共工程项目都能出土大量新的考古文物,定期收归国有并登记在册。大众科普也非常重要,这方面有三本国家级的优秀出版物,它们通过精美的插图展示科研成果。还有很多专门出版物或地方出版物,详细讲解新的考古发现。北京、南京、上海、西安和其他城市的大博物馆,以及发现北京人的周口店博物馆,管理得越来越完善。许多路过的考古学家抱着浓厚的兴趣来参观最新的考古发现。可以充分肯定的是,考古学对推动文化走向和平与理解发挥了凝聚作用。如今,东方与西方在新的历史条件下相遇。这次不再是来盗窃中国的文化遗产了。在过去的一百五十多年里,被盗走的文物数量是巨大的。最近有一些外国报纸报道称,从北京故宫博物院抢来的约四百箱文物在中国台湾未得到妥善安置,一些日本机构商议把它们带离中国台湾,在日本展出。新中国成立前,陈纳德组建的民航空运公司,利用运输国民党士兵及装备的飞机卷走了很多文物。其他的那

---

① "法国学者(Albert Terrien de Lacouperie, 1845—1894)认为,黄帝是两河流域的君主尼克黄特(Nakhunte)。此人率领巴克(Bak)民族东迁,途经昆仑山,辗转来到中土定居。而'Bak'的意思就是百姓,即汉民族的前身。"(西闪:《印象阅读 思想光谱》,大象出版社,2011年,第29页。)——编者注

些官方盗贼在当时也很常见。比如,据说有一个使馆武官带走了约一百五十只箱子,里面装着他的收藏品。鸦片战争中英法联军犯京,义和团起义后八国联军入侵,随之而来的都是偷盗和破坏,他们全都拼命地掠夺艺术珍宝。许多稀世珍宝被偷偷运走,成为西方的私人收藏品。不过,人们去看展览时就会发现中国仍然有大量保存完好的文物,比如1955年故宫博物院展出的在国家重建中新发现的文物。在这次展览中,人们留意到一枚金币,一位罗马皇帝的肖像安详地注视着我们。这又是一条从模糊的历史中浮现出的文化纽带。在北京,老百姓还可以到另外一个博物馆去触摸过去的碎片,如果他们愿意的话,还可以把它们买下来,自己保留或是送给朋友。这就是著名的琉璃厂大街上的那排古玩店,在遥远的年代这里曾是一座瓷器厂,如今则属于和平门外的郊区。

所有新发现的重要文物都被送往国家级博物馆,而那些对于博物馆来说无用的玩意儿则仍在这个市场上售卖,各式各样的器物大多是老人们过去收集的私人藏品。那儿有珍稀画作的复制品、玉雕、瓷器、陶器、古印章和古青铜器的残片等,给古代文明学者带来了难得的研究乐趣。笔者曾有幸和一个同样仰慕中国手工艺的意大利朋友穆拉托里一起,每周到琉璃厂去逛一次,坐在年老的店主身边观赏他们的珍品。我在这里注意到有些物件看上去和西方世界有着某种关联。为了在整体上有个清晰的认识,我在这里收集了很多物件。比方说,我收集的一些青铜头像可能是短剑手柄上的。其中一个镀金的,一面是罗马人,另一面像古埃及人。另外还有斯基泰人,以及中亚人。粗略估计,它们应该是从汉朝流传下来的。另外,在塔兹族人的随葬陶俑中,有一个似乎是双手缚在背后的奴隶形象,他显然是一个希腊人。非常有趣的是,这里还有各式各样的尤其是公元前的扣钩。其中一些战国时期的扣钩装饰,其风格与波利尼西亚的极其相似,而那些镶嵌着绿松石的边饰则让人联想到安第斯文明的衣饰。在这些扣钩上有各个时期种类繁多、异常美丽的图案。种类之丰富,堪比我们当今的"领带"行业。

说到领带,人们应当更深地了解古代象征的寓意,这样我们才能发现许多延续至今的传统的起源。在西方,有一些舌头形状的领带、领巾等衣饰,这些衣饰有时也出现在东方的佛教画像中,或是中国古人的衣服上,诸如此类。在古代的图画中,兽角、鱼、莲花等,都明显含有"繁殖"的意思。人们在图像中好像很喜欢表达出五谷丰收和子孙满堂的寓意,体现出人类本能的愿望。

由此可见,中国文明是世界范围内的古老文明,并且具有连续性,大量遗迹自然是寓意丰富的。

想知道那些真实的传统是如何传承下来的,只要看看古代典籍《山海经》和《尔雅》就可以了。这些书里翔实记载了史前动物的生活及形象,而现代科学真的证实了它们的存在。在古代世界里,只有这两部书谈到这些动物。许多世代相传的形象之间的延续性,总让想要重新找到关联性的西方人感到惊奇。对于想要总结过去思想的考古学家也很有裨益。非常吸引人的是,可以通过很多直观证据来弄清不同宗教是如何承袭最古老的思想的。在琉璃厂可以找到十六世纪的意大利人马泰奥·里奇和十八世纪的意大利人卡斯蒂廖内的画作复制品。里奇以"利玛窦"之名为人熟知,卡斯蒂廖内则被称为"郎世宁"。当利玛窦看到元朝与马可·波罗同时期的郭守敬的精良仪器时,惊叹不已,就在中国继续进行天文研究。郎世宁则成为有史以来最擅长中国画的西方画家。他们俩是建立文化交流的先驱,是新时代的先驱。在这个时代,科学家与人民的关系将越来越紧密,他们需要和平、友善的工作环境。透过历史,他们深知什么力量会带来分裂和战争。

（刘敏茜 译）

一位代表团成员在中国园林
（拍摄于1955年，贾忆华供图）

特龙巴多里为一位僧人拍照
（拍摄于 1955 年，贾忆华供图）

人的声音

安东内洛·特龙巴多里[①]

在这段时间里,西欧报刊中关于中华人民共和国的文章、系列报道、通讯和论文越来越多。我们得承认,广大新闻界对这个新生大国的兴趣,就像文化人和艺术家的那样浓厚。他们的看法是好是坏,都已不受多届政府强加的"政治"范围的局限了。谈论中国成为认知的需要,无论这种认知是正面还是负面的。

仅看法国三个多月的情形:《法国观察家》周刊发表了让·保罗·萨特(Jean Paul Sartre)的长文《我对新中国的观感》;《精神》期刊发表了保罗·利科、阿尔芒·加蒂(Armand Gatti)和勒内·杜蒙(René Dumont)数篇有分量的文章,几乎占了一整期的篇幅;《世界报》刊登了罗伯特·吉兰(Raymond Guillain)15篇以上的文章。

[①] 安东内洛·特龙巴多里(Antonello Trombadori):1917年生于罗马,文学学士,艺术评论家、记者。1937年开始参加反法西斯知识分子团体,在青年学生活动中尤其活跃。1940年,与合作者共同主持文学艺术杂志《轮子》,成为反法西斯活动和反隐逸派论争的中心。1941年至1943年,特龙巴多里被捕并被流放。1943年9月8日之前,他担任意大利共产党和罗马军事委员会的代表,并与贾科莫·卡尔博尼将军合作组织武装民兵队,抗击德军入侵罗马。罗马沦陷后,在罗马抵抗运动的九个月中,他担任爱国行动小组的指挥官。后被捕,囚禁于塔索街监狱和天后监狱。他在被运往安齐奥前线强制劳动时,设法逃脱并返回罗马继续从事秘密活动,直到罗马解放。后获游击战争银质军功勋章。意大利解放后,特龙巴多里以意大利共产党官员的身份主要从事政治和组织活动,但并未放弃研究和新闻工作。曾为《团结报》和《重生》期刊撰写艺术评论,参与发起论战,肯定形象艺术的写实主义趋势。1954年以来,与卡洛·萨利纳共同主持周刊《当代》。(译自特刊附录的作者简介。)

现在连正统派也在说："到中国旅行是一种时尚。"当然，不久后他们会说：中国是主权国家对外政策的首要问题。

在意大利公共舆论界，继左翼报刊后，右翼报刊也终于对中华人民共和国产生广泛的兴趣。去年秋天，彼得罗·南尼的北京之行之后，塞尼政府好像要为我们国家与世界的另一边建立新的联系而迈出第一步。希望的曲线逐渐下降到现在的地步。这一趋势在意大利《人民报》和《新闻报》的重要报道中得到了真实的反映。这些报道的作者科拉迪·皮齐内利和恩里科·埃马努埃利（Enrico Emanuelli），最初还尊重真实的原则，而后真实性逐渐减弱到几乎消失。文章日期表明，就是从两位记者回到祖国之日起，开始出现最初的犹疑迹象。观察这一变化过程很有意思。开始时，我们从整篇文章或字里行间可以感受到或多或少的激情或者说是正面的惊奇之情，之后近乎突然地出现一种匪夷所思的怀疑甚至是蛊惑民心的不信任，质疑中国革命的解放作用。但是也有另一个重要周刊的例子，为了能在竞争中立于不败之地，这家右翼刊物发表了左翼作家卡洛·贝尔纳里的报道。所以在意大利也存在双方观点对峙和公开论战的可能性，正如萨特和罗阿（Claude Roy）作为一方与另一方的罗伯特·吉兰在巴黎奥赛宫的辩论一样。

意大利政府外交政策最终导致了广大新闻界的矛盾态度，在这里，我的任务不是分析该政策的摇摆不定，也不是分析对此的保留态度与认同态度间的消长。我只想强调一个特别的、不可忽略的方面，试图回答一个问题，现在正是该明确提出问题的时候：意大利文化对新中国的立场是什么？意大利文化如何看待中国革命？七年前的革命不可逆转地打破了所谓的远东帝国主义的平衡，从而加速建立全球新的民主平衡。

在狭隘的政治盘算之外，意大利文化中最先进的代表们毫不犹豫地承认中国革命的重要历史意义。他们还承认需要自由、公正地认识中国人民和中国的当代历史，并从中充分汲取养料，这对于奠定东西方关系的新基础是很重要的。我们还可以肯定的是，意大利文化中最先进的代表们也充分地认识到，东西方关系不仅在经历一场深刻的外交革命，还在经历一场彻底的变革，为历史上不同文化间的相遇、共存和合作提供可能。这一变革在人类历史上第一次将六亿人从封建主义和帝国主义的重压下解放出来。这一变革进程表明，从我们现在所处的时代开始，各国的文化，要么去认真参与形成全球共识，要么沦为次等文化，不可救药地被蒙昧主义的偏见困住。

鉴于此，对谢尔巴政府当局非法阻挠意大利知识分子前往中华人民共和国一事，我一直都认为，当事人弗兰切斯科·弗洛拉和其他朋友抗争的小插曲极有意义，应该重点强调。基于宪法，每个公民都有权走出本国国界，无论次数多少，目的地为何方。在这次事件中，不仅捍卫了宪法的合法性，还彰显了文化人睁开双眼的必要性。文化人不能局限于无益的过度学究之中，忽视中国这个以全新样貌重回人类历史舞台的社会现实。

我认为，可以毫不夸张地说，由于对中国革命的好奇心、关注度、开放性和敏感性的程度不同，当今存在着将意大利文化横隔的主要分水岭：一边是通过自我更新，并结合我们全部的民族特色，试图为具有全球意义的革新作出贡献；另一边身着"涅索斯的衣衫"来看东西方的关系,不由分说地将世界分为被殖民的、处于从属地位的国家和奴役他人的、上等的国家,实为一种野蛮的划分法。

就在几周前,我在发行量很大的罗马的《日报》上读到一篇著名作家的文章,其观点令我吃惊。这位作家是贾尼·斯图帕里奇(Giani Stuparich)。前面讲的报刊上的左翼和右翼文章的增加,引发了斯图帕里奇的担忧和不快。我必须相信他是出于善意,但他依据的却是不可知论。对于西方人,特别是对于意大利人来说,中国是不可知的,别国的民众也是如此。我不想讨论这些论断在过去造成的后果,以及今天在纯粹的政治层面造成的后果。或许可以这么说,让我印象深刻的是其背后的文化概念,还有产生它的道德观念。其实,斯图帕里奇的思想带有明显的历史主义色彩。他坚信中国人被束缚在千年不变的封建牢笼里,随着时间的推移,他们已经与其他民族迥异,隔绝在其他人类群体之外,甚至中国人根本意识不到,身为人的表现(行为)及情感表达,是否与其他人特别是我们所知的文明人的日常生活表现相符。

这样的论断离"中国人民因为这些特点而只配得上封建剥削和殖民压迫制度"的想法也不远了。这样的论断会导向偏见,只要某些反动者或反动集团恶意地干预,就足以使之成为文化和政治话题。他们会把偌大的中国当成一个无穷无尽的牧场,里面尽是被神圣绳索拴住的迷途羔羊。

我承认现在要说出口的词很刺耳,但我认为使用它是无法避免的,这个词就是"民族偏见"。伴随着血与泪,二战后欧洲人民从官方词汇中排除了这个单词。然而民族偏见一词仍以千百种方式在广泛的大众文化中隐现。尤其是在意大利,大众文化从我们非常文明的人文学校的课桌上就开始滋养我们。或者说,在那些懂得从历史中吸取经验教训的人看来,类似的民族偏见似乎越来越成为那些反动势力仅有的且令人反感的完美说辞。这些势力支持伦敦、巴黎或罗马的议会和权力自主,但是对于内罗毕、马尼拉和塔那那利佛,他们不知道除了行刑队之外的文明的统治方法。

此外,关于中国,多年来盛行的有意无意支持十九至二十世纪帝国主义侵略的整个通俗文化,不正是弥漫着平静的、公开的民族偏见吗?在《中国的钥匙》(*Clefs pour la Chine*, Gallimard, 1953)中,克洛德·罗阿收集了一些难以形容的资料。其中一段摘自《关于天朝上国观念的词典》(*Dizionario delle idee acquisite sul Celeste Impero*):"强盗:所有中国人都是~。苦力:所有中国人都是~。侦探:不是强盗、苦力或官员的中国人是~。官员:不是强盗、苦力、厨子或洗衣工的中国人是~。暴民:不是强盗、苦力、厨子、洗衣工、侦探或官员的中国人是~。人命:中国人漠视~。"

前文所提的《世界报》记者罗伯特·吉兰,在他所有的近期报道中只是反复宣称一个观点:中共政权的目的是思想集体化,消灭个体和个人。此处可以穿插一段有趣的内容,讲他如何了解旧中国并为之感到惋惜的。需要留意的是,罗伯特·吉兰认为,中国共产党的野蛮事业即将成功,无须大规模的施压。

最近结束的中国之行中,恩里科·埃马努埃利是否受到旅伴吉兰的不良影响?我们的作者当然不会天真,更得小心避免挑起矛盾的风险,但他不也是曾构思了故事《警察的建议》,借此展现社会主义国家的恐怖？他试图根据三十年来不变的陈旧模式来描绘中国政府与公民的关系，虽手法巧妙却注定失败。就像先入为主那般，先抛出一套民族偏见观念，再用刻板印象重构中国人的心理和习俗，将中国人分为富人和穷人、资本家和无产者、共产主义者和反共产主义者。

但是另有一种我们不易觉察的民族偏见，即复归的民族偏见。欧洲民族主义和欧洲文化沙文主义强烈反弹了，却并未被察觉。

一位多年前曾到过中国的作家朋友，在受邀与我们文化代表团同行时回答说："我走遍了那个国家。我知道中国是什么样子。即使社会政治结构变了，也改变不了什么。"我们应当有勇气承认，这也是民族偏见的残余。

我的一个画家朋友发现自己很难从深奥复杂的中国绘画中厘清头绪。他把米开朗基罗的杰作与那些微妙的错综复杂的符号比较，与那些如同蚕丝般细微的颜色做比较，得出结论："这些不是绘画，而是装饰和书法"。他不全是错的，除了一点：他不能理解这也是绘画。这是中国人民的画法，是世界绘画史的一个方面、一个时代。我们总是错误地把世界绘画史跟欧洲绘画史画等号。我们应当有勇气承认，这仍是民族偏见的残余。

在我看来，我们所有人身上都带着大量这类残余，应当警惕它们不经意间自动地发作。比如，在我初到北京的一天，一个年轻的中国学生打量我的目光让我记忆犹新。我惊奇地听到商贩沿着小路的呼喊声，看到他非常简朴的、样式古老的衣服，就像在古代中国和意大利中世纪的画作中看到的那样。我观察他用精巧的秤具挑着商品，沉重地走路的样子。我对那忽高忽低的呼喊尤感兴趣。我问这喊声是什么。不过我的问法应该暴露了我的兴趣点,我把那呼喊声看作奇怪的、奇异的,给普通事物蒙上"异国情调",对此我习以为常,我们都习以为常了。那个年轻学生看了看说:"那是人的声音,一个男人的声音。"

这个回答肯定流露着自卑感,反映出中国人对旅行者应有的自我防卫心理。那些游览中国的人,仿佛在游览动物园或博物馆,在那里保存着历史中幸存的事物和习俗。但这个回答也表明了正确的方式,提醒我们不要忽视社会中一切事物的共同根源——人。

想要接近中国人的世界,和对待任何一个同样有过半殖民地的、封建历史的国家一样,首先要清除认知中所有民族偏见的残余。不仅如此,还要注意一个非常简单但经常被忘记的事实:中国有六亿多人口,他们代表四分之一的人类,人类这四分之一的人口全都集中在一个统一的多民族国家里。这个庞大的人类群体建立了现代社会结构,我们从它短短六年中的作为就可以认定,中国的分量会越来越重,中国对世界发展的走向会越来越重要。因此,了解中国人民首先是一种责任,关乎我们身为文明人的存在,关乎我们生活在现代文化中的能力,关乎我们能否理解民族现代史的发展规律。这尤其适用于所有一贯相信拉丁语文明的绝对优越性的人。特别要牢记的是,如果我们坚持认为我们和中国人之间没有人性共通的可能,这种优越性就会变成真正的自负。

中国文化开始为这项事业付出巨大努力。中国文化通过与中国革命结盟并由它呈现,中国文化通过可能的新语言和新课题,为各国人民提供接近这个伟大民族的历史和传统的方式。中国新文化摆脱了封建落后和顺从、被动等惯常表现,也为认识本民族千年传统中的伟大、积极的方面指明了基本方向,这些内容对人类的进步和团结有明显的益处。

这是中国文化的伟大蓝图。一方面,中国应该坚定而勇敢地进行现代化转型;另一方面,它要确保这一转型不是机械地照搬他者,不会按照典型的殖民主义进程,被迫适应并同化于西方文化。这就是与一切形式的民族偏见斗争的具体方式。

在这方面,应该引用毛泽东的一段很有启发性的话:"中国应该大量吸收外国的进步文化,作为自己文化食粮的原料,这种工作过去还做得很不够。这不但是当前的社会主义文化和新民主主义文化,还有外国的古代文化,例如各资本主义国家启蒙时代的文化,凡属我们今天用得着的东西,都应该吸收。但是一切外国的东西,如同我们对食物一样,必须经过自己的口腔咀嚼和胃肠运动,送进唾液胃液肠液,把它分解为精华,才能对我们的身体有益,决不能生吞活剥地毫无批判地吸收。所谓'全盘西化'的主张,乃是一种错误的观点。形式主义地吸收外国的东西,在中国过去是吃过大亏的。"①

我认为在西方和意大利还未对类似话题,即关于我们的文化、思想和艺术同东方、中国的文化、思想和艺术之间的关系问题,进行充分的讨论。

(王逸霏 译)

---

① 出自毛泽东的《新民主主义论》一文。——编者注

街景

（拍摄于1955年，贾忆华供图）

街景

（拍摄于1955年，贾忆华供图）

中国的自然与人

朱塞佩·巴尔别里[①]

七百多年前,当马可·波罗中国之行归来,讲述他的见闻时,生活在黑暗中世纪的人们感到惊异、充满好奇。那是一个人们知之甚少、几乎如同传说的新世界。从前人们只是从遥远的传闻中得知那里人口众多、地域广袤,同欧洲许多国家加起来一样大。透过神秘的风俗和古老的文明,这个国度首次展露它的身影。

时间已经过去了很久,直到今日,每当人们从中国归来讲述那里的事情,依旧给人惊奇感。从那个国家传来的消息有一种奇异、梦幻的色彩。自《马可·波罗游记》问世以来已经过去了数世纪,但是欧洲和中国继续忽视对方,并踏上了截然不同的道路。中国缓慢前行,欧洲疾速奔跑,对彼此的认知仍然十分滞后。对许多人来说,中国今天仍然是黄种人、官员、苦力、大江大河和奇特庙宇的国度。这个国家相距甚远,以至于几乎属于另一个世界。不时有新闻报道,也许在报纸的第二版:洪水、饥荒……稍稍满足了西方读者的好奇心。然而,中国也有深邃、古老的灵魂,其精神气质往往胜于欧洲。

---

① 朱塞佩·巴尔别里(Giuseppe Barbieri):1923年出生于意大利摩德纳,曾担任佛罗伦萨大学地理学教授。著作甚多,尤其在人文和经济地理学领域。《桥》期刊的合作撰稿人,曾为意大利反法西斯抵抗运动"正义与自由"游击队成员。(译自特刊附录的作者简介。)

作为一个自成一体的世界,中国具有鲜明的独特性。它在孤立中生活了数千年,这种孤立首先是由地理条件塑造形成的。但是今天,这个封闭而遥远的、数世纪以来在神奇的长城后静止不动的民族正在大步向前。在国际和国内因素的推动下,一场针对传统结构的深刻变革正在进行着。中国正在从故步自封向着世界生活的主人公转变,从一个落后国家向着进行根本的现代化改革的国家转变。

中国旧社会向更具活力、更为现代化的生活方式的转变,虽然步履缓慢,但已经持续几十年了。这个国家已经为一场更为深刻的内部变革做好了准备,它只是在等待一股能够振作百年来仍十分落后的政治经济的组织力量。中国共产党被赋予了实现这一伟大复兴事业的使命。中国的复兴事业将使它从政治、经济、社会方面同欧洲、美洲和亚洲的各个伟大民族并驾齐驱。

土地改革、工业化、贸易发展、矿产资源开采和水路整治是正在进行的经济改革的重要方面。中国在短短几年取得了初步的、显著的成效。在中西方的科学文献中,尤其在欧洲的文献中,已经有了很多关于中国发展成果的论述。但是,这些结构性改革在多大程度上影响了民众的生活,改变了贫苦群众的生活,改变了中国社会的发展水平、风俗和经济面貌呢?

我们想弄清这个值得思考的话题。关于这个话题的资料十分丰富,单项举措的数据很多,但整体上仍是笼统的、不完整的。不过这也是自然的,因为这是在发展中的、尚未完成的新现象。

哪怕像我们这样,想要笼统而有限地描绘中国人民的生活图景,为了避免过于简单化或轻率的思考,至少要部分地参考本国学者或外国学者近年来已有的关于中国的知识。因此,如果我们描绘的画面出现了一些过时的或者传统的地方,也并不是为了否认目前的现实。相反的,这将是一个起点,以更好地认识今天正在建设中的新中国。收录在本书中的数篇作品将阐释许多相关的话题。此外,在不削弱当今变革的伟大价值的前提下,我们认为,了解旧中国的情况仍是有意义的。这个国家如此广大而复杂,与过去的生活方式联系得如此紧密,因而在短短几年内改变一个国家的面貌是不可能的。

如果我们想到世界上每四人中就有一个中国人,说汉语,生活在中国;如果我们想到中国的人口密度有时会高于欧洲人口最多的省的密度;如果我们想到"大中国"像整个欧洲一样辽阔,那么我们就真的对中国的规模有了一个概念,包括地理、社会、政治、历史、文化和经济现象。

中国是亚洲大陆的一部分。黄河、长江、西江[①]发源于高原和山地,绵延数千公里,流入海洋。[②]这片疆域固然有各不相同的面貌,但也有许多共同的自然特征:气候都没有突兀的反差,地形崎岖但是并不陡峭,这使得数世纪以来的内部交通尤为便利。

中国四周则有难以逾越的屏障:东面的太平洋(中国南海、东海、黄海)上点缀着岛屿和群岛。西南部与印度半岛的交界处,是一片片森林和沼泽,往后是陡峭的山地。向亚洲内陆,则是一连串的山脉,或是海拔几千米的高原,或是漫延数千公里的沙漠。同样是在北方,

---

① 原文所称西江,为珠江在广西段名称。——编者注
② "长江发源于青藏高原……黄河发源于青海巴颜喀拉山……珠江发源于云贵高原。"(宋雪珑等编著:《海洋环境基础》,中国轻工业出版社,2019年,第15页。)——编者注

向西伯利亚方向是寒冷地带,其中部分是沙漠,不太适合人类居住。①

自然条件让中华民族成为一个热情好客、界限分明的国度,同时又不会轻易向周边地区扩张。这种孤立状态通过历史事件突显出来,顺应了中国人精神的本质,不喜欢开疆拓土,在传统上与土地和劳作息息相关。历史上曾有其他民族扰乱了中国式的平静的勤奋劳作,这些民族主要是内陆游牧民族,以及更近时代的日本等海岛民族。尽管如此,中华文明与中国社会能够保持其一体性。

于是,在大自然既定的环境条件下,中国不但距欧洲和西方文明很遥远,甚至与亚洲本身也相去甚远,以至于中国地理今天单独构成了世界地理的一部分。它的面貌,它烙印在土地、城市和日常生活的面貌,与其他民族都不同。

诞生于北端的中国古代文明很容易向南方传播,通过近四千年的时间,创造了一个文化统一体。中华文明的这种历史延续性,无疑是当今中国最重要的特征之一。正因为如此,今日的中国才有了自己的面貌,它与历史根源有着紧密的联系。中国不像西方那样,现在与过去是割裂的。

中国与苏联的西伯利亚接壤,远至黑龙江河畔,同时也与苏联的中亚地区、印度、缅甸和越南接壤。②而如今新的铁路、公路和越来越

---

① 中国"最北端在黑龙江省北部漠河附近的黑龙江心(北纬53°以北),最南端在南沙群岛南部的曾母暗沙(北纬4°以南)……我国领土的最东端,在乌苏里江和黑龙江会流处(东经135°附近),最西端在新疆的最西界帕米尔(东经73°附近)"。(武汉市教育局编:《地理》,湖北人民出版社,1959年,第122页。)——编者注

② 中国"跟朝鲜、苏联、蒙古国、阿富汗、印度、尼泊尔、缅甸、越南等国相邻"。(武汉市教育局编:《地理》,湖北人民出版社,1959年,第122—123页。)——编者注

密集的航空运输网正在跨越这些在过去困难重重、几乎不可逾越的边界。

现在中国陆地面积约960万平方公里,相当于整个欧洲及其周边岛屿的面积。也可以说,它是意大利的33倍。[①]在人口方面,它以6亿多人口(1953年人口普查)的数量成为迄今为止人口最多的国家[②],超过了整个欧洲(5.45亿居民),是苏联的3倍,是美国的4倍,是加拿大的45倍,国土面积则与加拿大相似。因此,团结一心的人民群众比土地更重要。

一、中国的地貌和景观

中国位于赤道与极地之间,与中南欧和北非的位置相似。中国的纬度跨度将近五十度,换句话说,相当于从莫斯科到北回归线以南的埃及南部之间的纬度,[③]这种距离造成了其与欧洲、非洲气候和环境的巨大差异。中国构成了亚洲大陆的一部分,而亚洲作为地球最大的肺之一,冬季降温,将干燥的冷空气送往南方海域,夏季变暖,吸

---

① "我国领土面积达9597000平方公里……和欧洲的面积差不多。"(武汉市教育局编:《地理》,湖北人民出版社,1959年,第122页。)中国领土面积"目前仍沿用'总面积为960万平方公里'。新中国成立后,共进行了四次国土面积测量工作。1956年进行首次测量工作,量算出国土面积959万平方公里;1962年量算为951万平方公里;1963年量算为953万平方公里,表内(1045万平方公里)系1984年底第四次测量的数字。"(谢圣明、黄立平主编:《中国青年百科全书》,华夏出版社,1992年,第668页。)——编者注

② "1953年6月30日中国进行了第一次全国人口普查,结果表明,中国人口为5.8亿多。"(张远广等主编:《中国地学通鉴 人口卷》,陕西师范大学出版总社有限公司,2019年,第135页。)——编者注

③ 中国"南北所占纬度在49°以上"。(武汉市教育局编:《地理》,湖北人民出版社,1959年,第122页。)——编者注

引来自海洋的湿润风。

这些周期性的风,即季风,是中国气候的决定性因素。这种气候在某些方面与意大利的地中海气候相反:中国气候的特点是冬季寒冷干燥,而非温和潮湿,夏季炎热潮湿,而非干旱。这也是中国大部分地区气候的共同特点。当然,由于南方与北方、平原与山地之间的巨大差异,这些地方的气候自然也存在差别。

华北地区气候最恶劣,冬夏差异大。北京的纬度与卡拉布里亚大区的北部相当,最冷月份的平均气温降至零下5℃(那不勒斯的气温是零上8℃),最热月份的气温升至26℃(那不勒斯是24℃)。再往北走一点,在与罗马纬度相当的沈阳,最冷月份的平均气温在零下13℃以下(罗马零上7℃),而7月的平均气温在24℃左右。再往南走,几乎感受不到寒冷,热带地区即使在冬天也很暖和,而与非洲相比,夏季并不是特别闷热。

北方的冬天无疑是寒冷的,对于中国人来说,这是非常难熬的季节。他们靠躲进屋内来勉强避寒,同时他们还依靠衣物来保暖,因为缺少羊毛织物,这些衣服往往是用棉花填充的。但是,在寒冷的冬季过后,经过一个短暂的春天,即使是北方也会迎来炎热的夏季。炎热的天气带来了雨水,雨水也带来了生机。因寒冷和干燥而沉寂的乡村突然苏醒,并在短时间内就覆盖上茂密的植被。水在中国生活中扮演着极其重要的角色(如果夏天下雨,我们意大利南方该会多么不同!)。水带来生命,但有时也是死亡的诱因。如果中部和南部地区降雨丰沛,而北方缺水,只能勉强满足夏季农业的需要时,就会发生严重的饥荒。这会导致数以千计的人死亡,成群结队的农民逃向城市,无数的家庭倾家荡产。

中国人在最大程度上是靠这片土地上的农业资源为生的。中国也有不少城市,有的城市很大,如上海有六百多万人口,北京、天津有近三百万人口,还有其他超过一百万人口的城市。但百分之八十的人生活在农村,聚集在小村庄。因此,最普遍的中国的生活场景体现为农村的景观。除了山地和丘陵,这种景观没有任何大自然的痕迹。农村的人口密度有时能达到每平方公里一千人,也就是说,每个人只有几十平方米的耕地。千年的耕作让中国的平原看上去像是精心打理的菜园或花园。没有一平方米的土地会被浪费,没有一丛野草能够肆意生长,没有一棵多余的树能抢走庄稼的阳光。能使用的空间太少了!道路往往是很简单的小路,勉强够人通过,到处都是稻田、耕地和菜园,土地资源被过度开发。连住房也不能抢占耕地的空间,只能集中在村庄里。

灌溉是中国农村最重要、最典型的农业特征,几乎百分之百的大块耕地都得到了灌溉。中国实际上是水稻之国:人们在平原上种植水稻,一望无际的稻田中间嵌着一个又一个水池;人们也会在丘陵上种植水稻,层层叠叠的梯田有利于灌溉。在水稻长起来之后,乡村就沉浸在广袤的绿意之中了。水稻是最能充分利用水资源的作物,也是最需要劳作、出产最多的作物。它的生长期短,收获次数多,储存时间长,烹饪时不会消耗太多的燃料,不需要牲畜耕作。因此,对于中华民族这样一个人口众多而简朴的民族,水稻是最适宜的农作物。中国人的食谱,很多时候是早上吃米饭,中午吃米饭,晚上也吃米饭,做一次可以吃一天!

但这肯定不是中国传统景观的唯一要素。在不同地方会有一排排桑树,是不会挡住阳光的灌木,在我们那边则是乔木。桑树见证了古老的丝绸生产活动。在其他地方则有大片的茶田,中国人特别擅长种植茶叶。

中国很大,各地的差异也很大。在最南边的热带地区,香蕉、菠萝和其他水果作物生机勃勃,在云南附近的贫瘠的石灰岩山地,植被稀疏、人烟稀少的土地绵延数百公里。在长江平原上,水稻种植广泛,主要的景观由水构成;而在北方的土地,在所谓的"黄土高原"上,小麦、玉米等谷类作物则是主要农作物,从丘陵到山地,植被和地貌发生着显著变化。中国内陆本身就有其独特的环境,这里是沙土之国,在大约50万平方公里的土地上,所有东西都被一层或硬或软的黄土所覆盖,这层薄薄的黄土是从中亚沙漠吹来的风带来的沙土。这里的水土流失很厉害,雨水稀少,土壤不是很适合耕种。在古长城以外的内陆地区呢? 宁夏和内蒙古的戈壁沙漠,夏季炎热,冬季寒冷,仅有牧民居住在边缘地带;而西藏的高原被巨大的山脉阻隔着,直到几年前都几乎是无法进入的。戈壁沙漠和西藏高原的面积非常广阔,但大部分地区人迹罕至。

在这些多样化的自然环境中,生命通过各种各样的形式呈现出来。尽管最有代表性的还是中国的稻田和农民,但是,我们可以看到,用传统的眼光去看待中国,肯定是不足以描绘出这个国家复杂的地理面貌的。

二、人民的生活

世界上没有任何一个大国像中国有这么多人,甚至给人留下的印象是中国到处都是人。这一点过去打动了马可·波罗和其他旅行者,也给今天的外国人留下了深刻的印象。朴素、勤劳的中国人,基本自给自足,买的东西很少。如前所述,中国人很大一部分是由农民或者"半农民"组成的。"半农民"把田间劳作与手工业活动结合起来。中国的一切都极其分散:在农业方面,人们所占有的土地数量非常少;在工业方面,尽管存在着为数不多的大型联合企业,但这些企业都从事涵盖大多数消费品的小规模生产;在贸易方面,则以小零售商为主。

在中国,农业机械非常少。可能除了山里,没有饲养役用动物的空间。人们想方设法利用一切可利用的空间,人们的劳动要么无报酬,要么就是费用很低,因为劳动力总是过剩。在这里,男人、妇女和儿童都劳动。每个家庭的平均收支预算都极低,比欧洲的家庭低几百倍。在大部分情况下,对于很多人来说,一年就几千里拉①。

中国人的饮食清淡,大部分人很少吃奶酪,很少喝牛奶,摄入的油脂也较少。他们的卡路里消耗往往比欧洲人所认为的生活所需热量低,但中国人的身体并没有因此而显得虚弱。他们的服饰都很朴素,羊毛织物很少。他们对社交、文化或娱乐的需求总体上是非常少

---

① 里拉:意大利在使用欧元之前的货币单位——编者注

的。由父辈传承下来的中国古代文明,本身就带着一种智慧,这种智慧是适应需求、节制和忍让的结果。中国人不会抱怨自己的处境,他们懂得顺应生活,懂得在必要的时候,直面生活的困窘,即使有时是非常艰难的。

当一切都正常的时候,中国人的生活平静地继续。但经常会有意外的情况发生,例如,过去农民耕种的土地并非他自己的财产(至少几年前不是),他们租用这些土地的条件非常苛刻。不管是什么原因,只要一年的收成不好,就足以使农民陷入危机,付租金、买种子、给家人买食物都会遭遇困难。那么苦难和毁灭将会敲开他们的门。高利贷一直以来都是中国人生活的痛苦之一。为了继续生活下去,农民被迫借钱,从而落入高利贷者手中,这个阶级数世纪以来通过剥削小农户和小商户为生。而今天,由于新的内部政治环境,这个阶级才逐渐消失。如果没有巨大的牺牲,农民要想从困境中恢复过来,是非常困难的。他们为本金所支付的利息,对我们来说几乎是难以置信的:每年100%、200%、300%,甚至更多,直到几年前,这些还都默认是较低的、适当的利息。因此,在负债累累之后,农民常常会逃出农村,移居到城市,成为生活在贫困和苦难中的城市贫民。

早在战争之前,政府就已经试图通过建立合作银行来应对高利贷带来的灾祸。今天,大量国有银行在农村出现,高利贷的废除无疑是新中国最伟大的社会创举之一。

但如果说旧中国贫穷的农民阶级是分布最广的阶级的话,自然也有更富裕、更上等的阶级,比如生活讲究、富裕的地主等。但是地主阶级今天已经基本被消灭了。此外,除了农村的生活,还有城市的生活,大量的小商贩居住在城市,当然他们的生活条件不是很好。但是这个阶层的人比任何时候都更容易成为富人和高利贷者的猎物,直到几年前,这些高利贷者仍在从早到晚为小生意的买卖提供贷款,而他们所要求的利息,据可靠的资料显示,每年可达1500%以上。此外,还有像现代西方工人阶层一样的无产阶级。

中国社会生活的基本内核是家庭。可以说,家庭是唯一稳定的、强大的、被认同的、被尊重的有机体。中国人社会意识不强,不喜欢来自遥远的专制国家的法律。然而新的事物在今天出现了,一个政党汇集了最强大的社会和集体力量。我们很想了解这个政党是如何在城市和农村对中国人的个体和家庭生活施加影响的。

在家庭生活中,父亲有绝对权威,妇女和儿女的地位较低。大体上,是敬畏和亲情将生活在一个屋檐下的所有成员连在一起。当然,今天正在发生变化,中国共产党以坚定的政治直觉果断地肯定妇女的地位,子女们渴望更广泛的自由,这些必将逐渐打破家庭核心的平衡和稳固。家庭核心曾是中国社会的一支力量,现在却成为保守和僵化的因素。

三、中国的资源

几千年来,在对土地的农业开发中,中国都缺少一个有能力采取重要经济举措的国家组织。中国在文明发展进程中停滞不前,就像在科技进步方面,当其他民族都在科技发展的推动下加速探查矿产资源时,中国却忽视了丰富的地下资源。近几年来,中国渴望在短时

间内发展为工业国家,能够同国外进行贸易往来,因此各地区都努力
开发有用的矿产资源。中国未来会开发出更多潜藏的资源,目前已
在一些自然资源上拥有丰富的储量,尽管相对于人口数量来说产量
并不显著。

最重要的问题之一是开采燃料。随着工业、交通及供热的发展,
燃料的消耗量可能会比目前增加数百倍。中国的煤矿储藏相当丰
富,很多地区的资源都得到开采,还发现了很多新矿。其矿产产量在
1954年达到了8200万吨(美国的产量为5亿吨,苏联为3.3亿吨,意
大利为100万吨)。而石油资源的问题看上去很严重,短缺的资源不
足以应对不断增加的消耗量。因此国家为开发电能付出巨大努力,
很多新的发电站在建或被列入建设计划中。按计划,1950年的一千
万千瓦时发电量会在短短几年中扩大十倍。此外,中国有十分丰富
的钢铁储备(1954年中国钢铁产量200万吨,美国产量5000万吨,意
大利50万吨)和丰富的锡、锰、铅等矿物储备。

中国的能源产量既多又少。多是针对平均消耗量低的落后国家
而言的,少是对于消耗量不断攀升的工业国家而言的。

从工业上来说也是如此。说中国没有工业是不对的,特别是中
国东北致力于大规模发展冶金工业、机械工业、化学工业和纺织工业
的联合企业,努力生产从建筑材料到食品的各类产品;在天津有一些
大型纺织工厂;在北京和上海有各种类型的工厂。这些工业有不少
是在最近一次战争前利用外资发展起来的。但是中国的工业对于6
亿多人口来说还是很少的。正是在工业发展的进程中,新中国力求
找到国家复苏和发展的基础。国家计划在未来几年里建设很多新工

厂和新工业企业。但是由于技术人员和现代机械的短缺,这个问题当然不容易解决。

在现在和将来,至少在未来很长的一段时间内,土地资源是基本的资源。总的来说,精耕细作但落后的中国农业产量很高,但基本上都用于当地消耗,甚至有时不能满足当地的需求。就像中国作为世界上最大的"稻田",大米的年产量很高,却只能自给自足,甚至有时还需要依靠进口补给。小麦和其他谷物也是如此。茶的产量同样是非常可观的,但大部分都用于国内消费,出口往往代表着一种"牺牲"。

猪的养殖是非常重要的。猪肉可以说是中国人食用的最多的肉类。牛、羊的养殖数量较少,并且只有少部分地区可以饲养。

总的来说,中国并不是一个生产过剩的国家,因此对外贸易必然只限于一些特定产品,例如:烟草、茶、鬃毛、石墨、地毯和某些植物油等。此外,中国需要从其他国家进口大量产品,特别是各种必需的机械品和工业产品。西方国家,尤其是美国对华的贸易壁垒自然增加了中国与苏联之间的贸易往来。中苏两个国家截然不同,前者人口稠密,工业资源短缺;后者人口稀少,工业资源和矿产资源丰富。两国能够在未来建立更加紧密的经济合作关系。可以看出,经济和政治因素使中国仍然孤立于非亚洲国家之外,又促使中国同亚洲各国建立愈发紧密的联系。

四、新中国的问题

如今,中国弥漫着变革氛围,中国人渴望让国家经济走向现代化,这给政府和人民带来了很大的挑战。根据官方计划,在短短几年内,中国的面貌会在很多方面发生翻天覆地的变化。当然,就像大量事实所显示的,至少在某些方面,中国人民对未来充满信心,被深深鼓舞。中国民众也不害怕工作,不会因为漫长而艰苦的工作气馁。

中国现代化起始于20世纪初,但是发展节奏非常缓慢,以至于50年完成的工作只对国家的传统结构产生了很小的影响。中国在很多领域都必须从头开始。

首先是经济发展问题,这与社会、文化、政治发展密切相关。我们以交通为例,就居民人数而言,许多国家的交通运输能力都高于中国。中国铁路仅分布在东部及东北部地区,在内陆地区的分布是非常有限的。全国至少有四分之三的国土都没有铁路覆盖。可行车的道路向着几个最重要的方向延伸,连接着主要中心。意大利拥有向各个方向辐射的道路网络,连接着很多小村庄,在日常生活中扮演了重要的角色。在中国这样的道路还比较少。中国机械交通运输工具的数量更是微不足道。再加上数目有限的机动车几乎全部集中在城市,我们可以看到乡村生活中更缺少这种便利的、先进的重要工具。农用车也不多,唯一到处可见的交通工具就是自行车。

道路和交通是现代化国家的关键因素,一国交通的速度和强度是衡量集体福利的指标。为应对这个问题,中国将要付出巨大的努力和牺牲。中国必须修建数千公里铁路(有些已经建成或正在建造中),在全国各地开通公路(已经开通了一条通向西藏的高速公路),发展更大范围的江河航运,还要发展几乎是从零开始的机动车产业。

为了做到这点,中国必须设法获得必需的燃料以满足陆上交通的需求,尽一切努力有条不紊并科学地勘探地下资源,合理地开发水资源。因为随着中国人民生活水平的提高,如果普通的、贫穷的中国人都可以负担得起北部地区的房屋取暖费用,并可以烹饪除米饭和面食之外的其他食品,如果工业按照计划发展,那么对燃料的需求将大大增加。

在工业方面,中国人民需要付出多么大的努力呀!发展各类工业是政府经济计划中的首要任务之一,因为工业生产涉及国家的社会与经济生活的进步,又与国家组织下的农业、交通、商业的发展息息相关。

洪水对于中国来说是一个古老的问题,已经持续了两千多年,世世代代的人为此付出了巨大的努力和牺牲,依旧没能找到解决方案。包括长江和黄河在内的中国河流,滋润着沿岸的广阔平原,使其适宜长期耕种和居住,但也带来了可怕的"噩梦"。历史上暴发了千余次灾难性洪水,每次都造成大量的人员死亡。水流改道后非常可怕,洪水冲过的地方,大范围的生活和耕作痕迹不复存在。我们不需要举特别早的例子,只说离现在最近的是1929年暴发的洪水,它席卷了8000多万人居住的区域,造成了3400多万的人员伤亡。这个数字相当于意大利总人口的三分之二,真是令人难以置信。①

众所周知,引发这些灾难的原因与中国的自然条件有关。到了夏天,季风可以带来突如其来的降雨,短短几小时就会达到很大的降

---

① 此处应指1931年的特大洪灾,受灾人数和死亡人数有不同记载。常见的记载是:1931年特大洪灾"受灾人口达2800多万,淹死14.5万人"。(卢振恒编著:《自然灾害常识》,海洋出版社,1993年,第107页。)——编者注

水量。在中国内陆的一些地区,大面积的森林遭到砍伐,土地由于黄土覆盖而易受侵蚀,四处泛滥的水流急速冲击并汇集在河流之中,同时将大量的泥浆和碎石卷向下游。在平原上,沉积物使河床越来越高,比周围的乡村还要高得多。只要溃堤,就会使众多土地和居民被淹没。

几千年来,中国农民都在与这一危险进行斗争。每年冬天,他们会离开自己的田地,在没有任何机械工具帮助的情况下同他人协作,用一块块石头修复河堤。这个艰苦的、极需要耐心的工作,由于缺乏固体材料而变得更加困难。但是河流的力量太强大了,人们所做的工作并不足以预防灾难。

灾难的防范还需要一项宏伟的工作计划,由政府专门组织并有力地执行到底,这无疑是中国现在最主要的任务之一,中国为此全力以赴。中国和苏联的科学合作委员会制定了一项针对重点流域的计划,建设内容包括修建上百个水坝和上千个小的拦河坝,加固所有河堤,并且在广阔的山区植树造林。其中一小部分工作已经完成,洪水带来的"噩梦"正在逐步消散。据说,在中国最有意义、最令人感动的场面之一莫过于人们沿河的抗争。在那里,由于缺少必要的机械工具,成千上万的人齐心协力地工作,用双手搬运石头、水泥以及修建堤坝所需要的钢筋。

五、人口问题

中国面临的人口问题非常值得探讨。如果按照现在的速度持续增长,在20世纪末中国将会有约12亿人口,是今天的2倍。人口的年增长量约1200万。我们可以看出,这些计算是抽象的,人口统计方式并非是一成不变,而是随着时间的推移和情况的改变而变化的。尽管只是从理论上看,这一预测结果仍可以使人们了解这一现象的规模和重要性。在未来,人口增长问题无疑是中国人需要面对的最实际的、最具挑战性的问题之一。

然而,我们可以看出,人口增长的趋势是中国社会固有的现象,并非刚刚出现的新事物。中国人渴望生孩子,对于他们来说,繁衍后代是一种权利,带给他们自豪感,哪怕是穷人也不担心抚养子女的问题。在这个劳动密集型国家中,后代也可以轻易地凭借自己的双手赚取生活所需;如果没有后代,田地就荒芜了。中国的旧社会,这种习俗允许丈夫抛弃不能生育的妻子,另娶一个女人,以保证传宗接代。这并不意味着中国自古以来从未实行过马尔萨斯主义,也并不意味着中国人从未采用过避孕及堕胎的措施。

在过去,一旦发生洪水、饥荒和较高的婴儿死亡率,就在自然层面上限制了人口数量的增长。如今经济、卫生领域的进步越来越快,人均寿命得到显著提高。即使是落后的地区,即便人们反对社会和政治变革,也乐于接受卫生产品和医疗援助。于是很多死亡的诱因,特别是造成幼儿死亡的诱因都消失了。令人印象深刻的是中国有很多孩子。统计数据这么显示,到过中国的人也这么说。他们还在法律上强力废除了几年前还盛行的落后习俗,即在某些情况下遗弃新生女婴并任其死亡。

我们不知道中国政府对于这个问题的立场,也不知道中国在这方面有没有明确的态度。印度等其他人口过剩的国家,对这个问题的态度是很明确的。 当然,社会发展、新观念的传播和生活水平的变化会引起出生率下降,这在其他国家发生过。但是随着时间的流逝,想要在短短几年内改变这样根深蒂固的风俗似乎并不容易。

有人说,伴随着居民数量的不断增加,产量会提高,但即使某些地区的土壤已经被开发到极限以至于失去肥力,照样解决不了问题。实际上,人口增加还伴随着平均消费量的增加,这本身就需要大幅度地提高产量。如果人们把工作和吃饭视作生活的全部,可能就很容易找到解决问题的办法。但是如果人们开始有机会将那些现代文明要素带入自己的生活,例如更丰富的饮食、房屋的供暖、可御寒又时兴的服装,以及看电影、看书这类的休闲活动,还有代表高层次文明生活的旅游活动。这些都会凸显出该问题的严重性。

(张欣怡 殷瑞晗 译)

在中国农村

（拍摄于 1955 年，贾忆华供图）

一位中国农民
（拍摄于 1955 年，贾忆华供图）

女性的解放

皮埃罗·卡拉曼德雷

一

中华人民共和国成立不久后,颁布了中国革命的一系列基本法律,其中关于婚姻的法律非常重要。经过一年半的研究和讨论,《中华人民共和国婚姻法》在1950年5月1日颁布。该婚姻法对新中国的社会建设的重要性,可与伟大的土地改革相媲美:"如果土地改革使数亿农民摆脱了封建大地主的压迫,那么婚姻法则标志着在封建婚姻制度下被剥夺了所有权利的中国妇女获得了解放。"①

根据古代封建制度,婚姻并不是夫妻双方的选择,而是由长辈决定的。特别在农村地区,还存在"童养媳"的模式,父母将孩子当作商品买卖。这类婚约通常是在一个男孩和一个女子之间缔结的,女子会比男孩大10岁到15岁。女方会立刻与她的公公婆婆住在一起,给她的婆婆做佣人,给她的丈夫当保姆。

这是一首北平民歌:

---

① 引自《中华人民共和国婚姻法》及另外两个文件(北京,外文出版社,1950年)。

> 有个大姐整十七，
>
> 过了四年二十一，
>
> 寻个丈夫才十岁，
>
> 她比丈夫大十一。
>
> 一天井台去打水，
>
> 一头高来一头低，
>
> 不看公婆待我好，
>
> 把你推到井里去。①

此前，一夫多妻制是被认可的，特别是对富人而言；丈夫可以提出离婚，但妻子不可以。同样地，老旧的封建传统也不支持寡妇再嫁。那些敢于再婚的寡妇被她的兄弟和父母残忍杀害的现象曾经是存在的。因为他们关心的不是年轻寡妇的幸福生活，而是家族的"荣誉"。

这些女人，特别是乡下的女人，实际上是女仆。女儿是父亲的"奴隶"，妻子是丈夫的"奴隶"，母亲是儿子的"奴隶"。她们没有恋爱、受教育和选择生活的权利。在贫穷的家庭中，存在杀害新生女婴的做法。给适龄女孩裹脚来阻止脚的自然生长的习俗，不到半个世纪前才被废除。直到今天，在假日向公众开放的皇宫花园里，人们仍旧不难看到，一些年老的妇人在孙子的搀扶下，用可怜的、畸形的双

---

① 引自 Claude Roy, *Clefs pour la Chine* (Paris: Gallimard, 1953), p.82.

脚,迈着蹒跚的碎步来参观这些宫殿。而在建造这些宫殿的年代,女人们饱受裹脚的折磨。

在清王朝统治结束之后的四十年中,妇女解放取得了一些进步。政府引入了离婚制度,禁止一夫多妻制。但是新法律只适用于受过教育的人和城市里的人,而在农村中,老旧的风俗并没有改变。1950年婚姻法的重要意义在于该法在农村也得到了有效的实施。

二

众所周知,每条具有革命性的法律都会对此前实行的政体产生争议。通过阅读新法律禁止什么,我们可以窥见此前政体所允许的事情。因此,该法律的前两条非常重要:

第一条　废除包办强迫、男尊女卑、漠视子女利益的封建主义婚姻制度。实行男女婚姻自由、一夫一妻、男女权利平等、保护妇女和子女合法权益的新民主主义婚姻制度。

第二条　禁止重婚、纳妾。禁止童养媳。禁止干涉寡妇婚姻自由。禁止任何人藉婚姻关系问题索取财物。

新的一夫一妻婚姻制度完全基于夫妻双方的意愿。男二十一岁,女十八岁,始得结婚。①男女有下列情形之一者,禁止结婚:直系血亲,有生理缺陷不能发生性行为者,患花柳病或精神失常未经治愈者。

---

① 据1950年《中华人民共和国婚姻法》第四条,应为"男二十岁"。——编者注

夫妻双方在法律和道德上完全平等。夫妻为共同生活的伴侣，在家庭中地位平等。夫妻有互爱互敬、互相帮助、互相扶养、和睦团结、劳动生产、抚育子女，为家庭幸福和新社会建设而共同奋斗的义务。夫妻双方均有选择职业、参加工作和参加社会活动的自由。夫妻双方对于家庭财产有平等的所有权与处理权；夫妻有各用自己姓名的权利。夫妻有互相继承遗产的权利。

法律还规定了父母与子女间的关系：父母对于子女有抚养教育的义务；双方均不得虐待或遗弃。溺婴或其他类似的犯罪行为，严加禁止。父母子女有互相继承遗产的权利。非婚生子女享受与婚生子女同等的权利（但是一位翻译告诉我，非婚生子女的问题并不会令人担忧，孩子出生后，双方通常会结婚）。对生父的调查，在任何情况下都是被允许的。夫对于其妻所抚养的与前夫所生的子女，或妻对于其夫所抚养的与前妻所生的子女，不得虐待或歧视。

三

在新的婚姻法中，有关离婚的内容非常重要。夫妻双方达成一致时，离婚就很容易。但是如果只有一方提请离婚，那么离婚就会有非常严格的程序。在这种情况下，地方行政机关应该试着调解。如调解无效时，会被转报到司法机关。司法机关在准予离婚之前，必须尽一切努力帮助恢复夫妻关系。女方怀孕期间，男方不得提出离婚；男方要求离婚，须于女方分娩一年后，始得提出。离婚后，父母对于所生子女，仍有抚养和教育的责任。

离婚制度在旧制度与新制度之间的过渡阶段尤为重要,这个过渡期还未结束。离婚不再被视为破坏家庭的手段,而是被视为巩固和改善家庭关系的手段,而且必须完全基于夫妻双方在爱的引导下做出的自由选择。

在新中国成立后的几年中,离婚诉讼绝大部分是应妻子的要求提出的。例如1949年在上海,如果有7个离婚案是由丈夫提出的,那么就有约70个离婚案是由妻子提出的。离婚的主要原因是由封建制度导致的婚姻状况:违背夫妻意愿的包办婚姻,为获取金钱的买卖婚姻,还有早婚、虐待和重婚。在过渡时期,离婚不仅是帮助女性摆脱过去不平等地位的工具,而且还能帮助女性在家庭和社会中重获社会尊严和平等权利。但是,在新中国成立后的最初几年,特别在农村地区,旧的封建偏见残存了下来,女性也可以提请离婚这一观念很难被接受。

四

为了使妻子在家庭中享有新法律明确规定的平等尊严和权利,女性在经济和思想上必须独立于丈夫。为达到此目的,需要保障女性在教育和工作上得到平等的权利。只有当女性能够养活自己的时候,我们才能希望婚姻是基于爱情而不是基于利益的。

为了使宪法(第97条)中明确规定的平等权利不仅仅是理论上的宣言,中华全国民主妇女联合会通过其分布广泛、可以触及最偏远村庄的组织体系积极开展工作,从而实现各个领域的妇女解放。

在此前的制度下,只有富裕家庭出生的女性才能受教育,90%的妇女是文盲。10月4日,我们的代表团得到中华全国民主妇女联合会领导的接见,根据她们的说明,我们可以用以下数字来评估新中国成立后女性教育的发展情况:在国民党政府统治的最后几年中,北京所有学校中各年级的女性占比为17%;而现在的女性占比小学为35%,中学为31%,高中为26%。

工业制造专业的女学生数量从26人增长到9000人,其中大多数来自工人和农民家庭。我们还听说一个案例:一位女工从13岁开始在一家棉纺厂工作,在工作了3年时间后,她发明了一种新的加工方法,随后,她作为劳动模范被选入大学经济系学习。中国现在还没有施行义务教育,因为还没有足够的教师能施行义务教育。但与此同时,出现了多种自愿参加的辅助教育形式(为工人和农民开办可以在工作后上的夜校、晚间读报会等)。

为了实现性别平等,国家通过各种方式鼓励女性从事独立的工作。在土地分配中,女性得到与男性相同的份额;在农业合作社中,女性和男性同样参与分红。据说,这一点在很多地方(包括农村地区)对提高社会和家庭对妇女的尊重起到了很重要的作用。在传统农业中,妇女的工作很少被考虑。丈夫说女人只知道吃饭,但是现在,当妻子参加合作社并带工资回家时,丈夫就改变了主意,并为他的无礼道歉。对于妇女来说,工作也确实成为获得社会尊严的根源。

在各个部门工作的女性日益增多,所有部门都无差别地吸纳女性,包括司法机关。

妇女现在可以积极地参加到政治生活中去。她们加入不同的政党,其中大多数都加入了共产党。中国有一份捍卫妇女权利的报纸,它的发行量大概是48万份。在新中国成立前,妇女一般都不会参与政治生活,但是现在她们为拥有选举权而自豪。在1954年的选举中,84%的女性选民参与了投票。在地方人民代表大会中,17%的当选者是女性;在全国人民代表大会的1226名成员中,有147名是女性,她们有的是老师,有的是专家,有的是职员。当选的女性有信仰不同宗教的代表,也有来自不同政党的代表。妇女在重要的政治机关任职。数个部长级的重要领导职位被委派给女性担任。女性也被派到包括司法部、卫生部和纺织部在内的不同部委工作。①

五

恢复女性的社会尊严使她们成为社会变革过程中的活跃力量,并改变了两性关系。卖淫被禁止;政府通过教育女性,给她们提供工作机会,让女性认识到自己不是婚姻中取悦丈夫的工具,也不应当因为家族利益而被迫结婚。

在相关婚姻法的报告中,可以读到特别重要的意见:"夫妻双方的经济独立被认为是婚姻忠诚最有力的保障。让夫妻都有选择职业和参加社会活动的自由,使两人各自在工作中锻炼进步,双方都与社会保持多方面的联系,才能使夫妻生活更加丰富,才能巩固夫妻的关

---

① 中国妇女代表团于1956年3月访问意大利,代表团成员有:中华人民共和国卫生部部长、中国红十字会会长李德全女士、北京政法学院副教务长雷洁琼女士、歌唱家郭兰英女士等人。

系。"此外,报告还做了进一步的说明:"要提倡男女社交自由和未婚男女的恋爱自由。"只有尊重这种自由,才能保证婚姻是相爱的人结合在一起,并保证夫妻之间互相忠诚。"我们应当提倡正确的恋爱观点,既反对'恋爱至上主义',也反对恋爱的游戏态度,反对以地位、金钱、容貌等不足以保障持久爱情的东西作为恋爱和婚姻的条件。我们之所以这么做,就是为了要增加幸福的婚姻,减少不幸的婚姻。"

社会上性别绝对平等的观念让男女处理与对方的关系时更加谨慎、认真,这让外国的观察者感到很不可思议。男性和女性在社会关系中,看待对方就像跟同事那样自然又充满信任。女性不像传统那样低人一等了,卖弄风骚或过分讲究衣着的女子也看不到了。这是社会中性别平等的真正象征。我们见到了一些非常年轻的女干部,她们担任重要部门的领导。在接待我们的过程中,她们的大方、庄重和朴素打动了我们。她们毫不羞怯,有尊严地微笑着。有人说,在中国,革命使爱情消失了,而事实上爱情并没有消失,消失的是虚荣的、商业化的爱情,消失的是对女性轻佻、暧昧地献殷勤,而这种行为在西方社会中常常会导致难堪、混乱的男女关系。

在这里,革命也是对纯洁和真诚的回归。

(朱芮 译)

北京城门

（拍摄于1955年，贾忆华供图）

北京钟楼
（拍摄于 1955 年，贾忆华供图）

在公园里

（拍摄于1955年，贾忆华供图）

一个伟大民族的仁爱

阿达·马尔凯西尼·戈贝蒂①

　　1954年秋,我随第一个意大利妇女代表团访问了中国。只要回想起我的中国之行,我首先想到的就是译员们的面庞:体贴的鲁②,她梳着长长的麻花辫,有时还像个孩子般在辫子上扎个红色的蝴蝶结;天主教徒吉恩③,他曾就读于耶稣会的震旦大学;聪明的李④,是上海一家医院的儿科医生,他抽出宝贵的时间陪我们度过了整整三天;戴眼镜的陈⑤,他看起来像个小伙子,但后来我们发现他已经结婚,还是五个孩子的父亲。特别是耿广⑥,亲爱的、了不起的耿⑦,他面庞瘦削,长着一对招风耳。他忧伤的眼睛,透露着几个世纪(或者上千年)的贫苦和磨难,闪烁着一种愉悦的、自信的光芒,就是那倾斜的眼角也

---

①阿达·马尔凯西尼·戈贝蒂(Ada Marchesini Gobetti):皮耶罗·戈贝蒂遗孀,生于1902年,大学毕业于哲学专业。曾任中学英语老师。二战期间,担任"正义与自由"第四师专员,参加游击队战斗。意大利解放后曾任都灵市副市长,国家委员会成员,意大利妇女联合会名誉主席,青年民主教育委员会主席。1953年至1955年担任《民主教育》杂志社社长。1954年访华的意大利文化代表团成员。18世纪英国文学研究学者,著有《文化与道德生活(塞缪尔·约翰逊)》《十八世纪理性主义诗人(亚历山大·蒲柏)》,还著有儿童读物《公鸡赛巴斯蒂亚诺轶事》《五个孩子和三个世界》《游击队员在边境》。(译自特刊附录的作者简介。)
②据原文拼音Lu翻译。——编者注
③据原文名Jean的音译。——编者注
④据原文拼音Li翻译。——编者注
⑤据原文拼音Chen翻译。——编者注
⑥据原文Keng Kwang翻译。(下同)——编者注
⑦据原文Keng翻译。(下同)——编者注

不能将其削减。耿从始至终都和我们在一起,陪伴了整个旅程。他提着那唯一的行李:一个神秘的小包(我们始终不知道里面装着什么)和一把没多大用处的绿色纸伞。

耿广二十六岁,但他和所有的中国人一样,看起来更年轻些。他出身于一个农民家庭,一年前他从北京一所学校的法语专业毕业。从贝加尔湖到戈壁沙漠,从长城到颐和园,我们被变化万千、多姿多彩的景色弄得眼花缭乱。当我们终于可以乘车从机场缓缓驶向首都,看着一些平凡的事物时,耿便在车上向我介绍他的个人情况。按照惯例,在谈完自己以后,他转而礼貌地问起我的情况来。我有西方人的某些敏感,因此他提的第一个问题就让我有点不舒服。

他问我,"您多大年纪了?"又立即礼貌地加上一句:"能看出来您已经不是年轻人了;如果经过这么长的旅行您还不累的话,您的身子骨一定很硬朗!"

我告诉他我的年龄和我已经是个奶奶的事实。兴许是我的声音里流露出些微的对韶华远去的叹惋,耿急忙给我打气:"没关系,在我们现今的世界,老年人也可以很快乐。"从他的话语中,我感受到了一种古老的智慧,任何关于命中注定的无奈都被新的快乐情绪所消弭,代之的是人道关怀的光芒。

我不能说耿广的法语已达到完美。他读和写都很流利,说得比较流畅,音调也很到位,这对于一个中国人来说是不寻常的。但他有时会犯一些有趣的错误。比如,我们到达后的第一天晚上,他来到我的房间,问我有没有找到浴缸里的汤(la soupe),我愣了一下才反应过来。他想说的其实是香皂,一定是跟英语单词记混了。中国的每个宾馆都会为客人贴心地提供这类实用物品,比如拖鞋等。还有一次,在参观一栋大学的宿舍时,他把一排房间叫作学生们的人行道(les trottoirs, 应该是学生宿舍 les dortoirs 才对)。

他犯这些错误,是因为尽管他已经非常刻苦地学习,但还没有完全吸收这门语言,也包括文化。我指的是他本国的文化,而不是西方文化,他对西方文化也所知不多。

我们参观了许多城市的宏伟寺庙,它们曾经历战争的摧残,现已得到全方位的精心修复。当我们迷失在碑文、符号和各种或笑或怒的高大佛像中时,常常向他寻求解释,却很难得到满意的答案。有一天,我问他北京天坛一座殿宇中央某块牌位上的那些文字的意思,他的回答含混不清。他谈到了皇帝、丰收和广阔的宇宙。

对我来说更有意义的是另一段插曲。在一家上海的私人剧院的演出中,他们为我们表演了民间传说选段《白蛇传》。白娘子的丈夫在发现她的原形后惊惧而死,为救回他,白娘子去拜访山里的一位高僧。在和护卫酣战良久以后,她终于在山里成功地采到能使人起死回生的仙草。为我们讲述故事的是耿,在讲到仙草的时候,他觉得很有必要提醒我们,便正色凛然道:"要知道,这不是真的!"这让我怀疑,或许这并不是没有根据的,在很长一段时间里,可能就在不久前,他还真的相信这类魔法。

耿广现在二十六岁,因此,新中国成立时他已经二十一岁了,很可能还是个文盲。尽管出于一种特别的谨慎,我从来不敢问他这件事。中华人民共和国给了他受教育、学习和获得文凭的机会。虽然他也上了一些常规的学校课程,但他的文化水平却基本停留在自修水平,这是有利有弊的:一方面是旺盛的好奇心,另一方面是幼稚的狂热。他对某些事物有充分而独到的钻研,对其他事物则冷淡到几乎狭隘的程度。他对国家的历史和活生生的现实全部了如指掌:他可以论述并探讨宪法的每个条款,他熟悉人民军队的荣耀,知道产量的具体数字。然而,他对宋朝和明朝的更迭却不是那么清楚。

难怪在他看来,我们这些游客对他的国家最美的景色有好奇心,也是不敬的,像他这样极其随和的人,时刻准备热情地陪同我们参观幼儿园、工厂、学校、操场、图书馆或剧院,却在我们想要上岔路探险时,要探索市场或集市时,或者走进密密麻麻的菜市场中的某一家时,执拗地表示反对。在集市上,男男女女们戴着必备的纱布口罩,卖着切好的鸡肉、猪肉和鱼肉,人们花很少的钱就能在这里买到一杯无糖绿茶。他带着忧心的神色说道:"不行,不行,这里没有书,也没有书店。"那时,我无论如何都想要离开主干道,深入一个羊肠小道和小广场交织的迷宫。终于,在某个时刻,我恼火地对他说:"你自己回家去,让我一个人安静地走走"。可能我情绪有点太激动,他只好一言不发地跟在我后面,脸色相当难看。当我愤然抗议,禁止他再尾随我时,他忧伤地叹了口气说:"我根本没有跟着您啊,我在这里溜达溜达,是因为我得买点衣服!"于是,我被他甜蜜的诡计完全打败了,笑着挽起他的胳膊,拖着他到我想去的地方。

既然在这里"老年人也可以很快乐",我是乐于再回到中国的。如果我在十年后重返中国,我想我不仅会发现建筑物成倍增加,机器得到改良,生活水平有所提高。我还会看到一代博学的青年,他们的学问不是在战火和困难中以卓绝的努力速成的,而是在乐此不疲的建设大业中平稳地精进的。当然,到那时,耿广那令人感动的魅力就会失色很多,但我确信他将拥有更多新的、积极的、同样迷人的美德。

人人都承认中华民族是世界上最有礼貌的民族。但是,过去那种本质上侧重于形式和外在的繁复的礼节,现在已经转化为一种亲密而深入人心的仁爱的表达了。

是的,客套的传统依然存在,比如他们习惯在开始真正的对话之前久久地寒暄一番。在我们抵达的当晚,接待人员对我说:"很高兴你们能来……"对此,我理当回答:"来到这里,我们也很高兴……"她说:"这真的是我们的荣幸啊……"我说:"这是我们的荣幸……"然后,她开始为招待和住宿方面的不周表示歉意,我反对说一切都安排得很完美。她继续道歉,我继续反对。在反复称赞彼此的国家一刻钟之后,我想我们的场面话已经说得够多了,就不再吭声了,但是她也沉默了,显然是在等我开口,于是我明白还得接着聊。又过了一刻钟,接待人员终于觉得礼节已经到位了,开始向我们展示和讨论行程安排,并且声明他们首先"重视"和"尊敬"我们表达的意愿,至少译员是这么翻译的。

还有他们对他人的观念、习惯和品位的那种过分谨慎的尊重,对我们来说也成为逗趣的插曲了。我们一到中国,他们就问我,代表团中有没有天主教徒须在某些日子吃特定的食物。我跟阿达·亚历山德里尼说了这件事儿,就回复他们说我们的天主教朋友在周五守斋戒。非常糟糕的是,国庆节那天,正赶上我们在那儿停留的第一个星期五。从阅兵仪式回来时,已经接近下午三点,我们自然是饥肠辘辘了。然而,当他们为我们呈上一道美味的馄饨汤(有点像我们的小饺子)时,亚历山德里尼看见她面前只有一盘可怜的清汤。我们这群朋友都有点儿幸灾乐祸,假惺惺地表示同情。尽管她内心失望透顶,也必须努力把惊愕的表情转化为对主人关切的感恩。而且,下一道菜不是丰盛的烤鸭,而是一盘没加佐料的、清淡的蔬菜。然后就没有其他菜了:没有鱼,没有鸡蛋,也没有奶酪。如果这是斋戒的话,这真是严格的斋戒。他们差点连水果也不肯给我们。事情还没完:在南京,在上海,甚至在餐车上,我们依然"难逃惩罚"。只在经过一番"斡旋"后,我们才设法在她星期五的饭菜里添了一个鸡蛋和一点奶酪。

但是,不要以为中国人的新礼节只局限于谨慎。传统的询问不是无礼的多管闲事,而是体贴的关心。今天中国人的提问,尽管有时候听起来有点冒失,却普遍体现了他们在团结和博爱思想下的人情味。新礼节不只体现在上述的正式场合中,也存在于具体而广泛的现实中。

只消想想人们是如何对待老人就够了。那种由来已久的、近乎仪式的崇敬和尊重,已经升华为实际的关怀和感人的温情。在参观一家纺织厂时,我吃惊地得知,当一位六十岁的妇女完成与年轻妇女相同的工作量时,薪水要高出百分之二十。还有让我无数次感动的是,在节假日里,我看到一位年老、干瘦的"奶奶",在一名健壮的士兵或是一个微笑、勇敢的女孩的有力搀扶下,在如今已向公众开放的秀丽的皇家园林中散步。

但令我印象尤其深刻的是抚顺老矿工的疗养院,那儿的小房间里摆满了照片、花朵和纪念品,与我们的"养老院"里那些空旷荒凉的房间多么不同!那儿有明亮的客厅、优美的花园、带树荫的溪流。"因为我们的老人家们喜欢在好日子钓鱼!"院长向我们解释道,他眼中闪现着温柔的愉悦。

跟我们参观过的无数令人叹服的幼儿园、学校、娱乐室、少年宫等任何一个地方相比,我觉得只有在这家养老院,才能发现一个伟大民族的仁爱的极限。在中国,儿童无时无处不受到热切的关怀,这是正常的,也是可以理解的。正如中国人向我们反复提及的那样,儿童是国家的力量、财富和未来,为他们所做的一切都始终是一种满含爱意的、回报丰厚的投资。对老年人的关爱则是弘扬崇高的正义感,是认可人类的价值,无论通过什么形式,哪怕多么微不足道,也足以构成古往今来所有信仰的永恒基础。

遗憾的是,要跟抚顺的老人们交谈是非常困难的,除去语言因素外,还有一个原因是:在矿山雷鸣般的环境中工作了四五十年后,他们或多或少都有点耳聋。不过,在一个热心的译员帮助下,我们得以和几位老人对话。

我对其中一位老人记忆犹新。当他的已经成家的女儿来看望他,站在他身边时,他反复地说,在养老院里就像在天堂一样。这很容易理解,与我们所置身的那个安宁的环境相比,他话语透露出来的过去的生活是劳累、饥饿和痛苦的:儿子们因贫困而夭折;除了在场的那个最小的女儿,其他女儿们都被卖掉,再也找不回来了;妻子被困顿击垮,年纪轻轻就去世了。

说到这里,老人哭了起来。我们中的一个朋友问他,后来是否续弦,她已准备要为这对忠贞的苦命鸳鸯而感动了。"没有。"他的女儿替他回答。她遗憾地摇着头,带着点农民的朴实:"他这么穷,怎么可能娶得起第二个妻子呢?"

她的话很有道理,既现实又合乎人性,体现了农民在几个世纪的贫困生活中遗留下来的生存之道,在它面前我们没法再说出任何动听的话了。这些农民的脸庞是他们土地的颜色,正是从他们之中,兴起了人民军队,走出了工人运动的领导,诞生了中华人民共和国的政府。尽管这些新生者的面孔被阳光照亮,闪耀着胜利的光芒,他们坚实的、来自土地的出身却使他们无法被神化,仍然保持人性。

仁爱——尊重各种形态的生命。正是在国庆节那天,在天安门边缘的看台高处,我见证了一个发人深省的小插曲。

几个小时以来,奇迹不断显现在我们的眼前,树林会像在古老的传说中那样走动起来。不过,在这里,鲜花、草坪和辽阔的花海在音乐中行进,鸽子在十月的蓝天下飞翔。与传说不同的是,它们的行动不是为了对抗敌人或惩罚恶人,而只是为了以喜庆的方式来展示一个伟大的新生国家的力量与温柔。玫瑰色的桃枝、翠绿色的叶片、鹅黄色的花瓣、蓝盈盈的花冠在旌旗与标语间像海浪般上下波动。它们由勤劳的双手擎着,联结成一个个光彩夺目的方阵。

一只白鸽在看台前方同其他白鸽一起被放飞,兴许是受到现场气势和声音的惊吓,它忽然间落入了环绕故宫朱墙的大护城河中。看着它在水中惶恐地挣扎,我的心揪得很紧。与那些在我们前方的广场上列队前进的、强大的、有意识的人类群体相比,这个渺小的、柔弱的、无意识的生物又算得了什么呢?然而,看着这只小动物在水中扑腾的动作越来越绝望和缓慢时,我心中还是产生一丝怜悯。

但是,我并不是唯一看到它并且为它的命运担忧的人。一只小船驶离岸边,快速而安静地开入河道。白鸽被温柔地拾起、擦干、爱抚,而后它抖了个激灵,鼓动翅膀,冲上高空,重新飞翔。所有注意到这一幕的人都满意地绽开了笑容,有些人还欢欣雀跃地鼓起了掌。是的,在这个全国人民都在微笑的日子里,哪怕是一只小白鸽的生命也不能被忽视。

（刘敏茜 罗怡 译）

卡拉曼德雷夫妇与中方翻译
（1955年拍摄于杭州西湖，贾忆华供图）

北京天坛

（拍摄于 1955 年，贾忆华供图）

一所中学

卡洛·卡索拉[①]

　　我们在上海参观了一所中学[这显然是所重点学校,弗洛拉教授率领的代表团成员马里奥·阿利吉耶罗·马纳科尔达(Mario Alighiero Manacorda)教授也去参观了]。它坐落在城郊的旷野上。

　　学校校长和兼任数学老师的工会主席接待了我们。在接待室的墙上挂着毛泽东的肖像和五星红旗,还有几张学生的照片。门房为我们提供茶水。下课铃响了,我们立刻听见嘈杂的喧闹声,这跟我们学校的课间没有两样。

　　校长开始介绍情况。新中国成立前,几乎所有学生都是地主、资本家和官僚的孩子,而现在,学校90%的学生是工人、农民和职工的孩子。新中国成立前教的是"个人主义",而现在的目标是培养"社会主义的人"。过去的教学强调死记硬背,现在的教学以育人为本。过去传授给学生的知识是不实用的,现在情况相反。过去所有的考试都是笔试,现在,学校也有口试了。过去人们看不起教师这个职业,

---

　　① 卡洛·卡索拉(Carlo Cassola):1917年生于罗马,在格罗塞托担任历史和哲学老师,以作家身份与《桥》和其他期刊合作。1942年出版几部早期的故事集:如《拜访》和《在郊区》。此后出版小说《福斯托和安娜》《老朋友》和《伐木》。最近,卡索拉和卢恰诺·比安恰尔迪合作,在拉泰尔扎出版社的《时光之书》系列中发表对马雷马矿工的调查报告,并准备在费尔特里内利出版社出版一本关于中国的著作。(译自特刊附录的作者简介。)

他们说教师只是"传声机",但是新中国成立后,学校学习了苏联的先进教学方法。过去,孩子们经常生病,现在,学校既重视精神教育,也重视体育教育,学生每天要进行一个小时的体育锻炼。

新中国成立前,这所学校有30个班,共1300名学生,现在这所学校有44个班,共2345名学生,还有92名教师和131名员工。可能有人会对员工数量之多而感到吃惊,但是必须考虑的是,这不只是一所学校,还是一所寄宿学校。实际上,除了1900名寄宿生,大部分的教师、员工及其家属也住在这里。

中国的中学共有6年,分为2个3年制课程。每周有28至32学时的课程。需要注意的是,1学时为45分钟。语文是主要科目,低年级每周学习8学时的语文课程,高年级则是6学时。到中学毕业时,学生能够认识2000至3000个汉字。除了语文课,最重要的就是数学课(高年级和低年级都是每周6学时)。这是完整的课程表:

低年级课程:语文、数学、历史、地理、动物学、植物学、物理、化学、政治、体操、音乐、美术、卫生教育。

高年级课程:语文、数学、历史、经济地理学、生理学、进化论基本原理、物理、化学、政治、体操、机械制图、外语。

看到低年级课程中包含物理和化学,有人可能会感到惊讶。但是必须考虑到,中国的孩子从7岁开始上学,而不是6岁。他们的小学有6年,而不是5年,所以这些孩子13岁才开始读中学,而不是像我们10岁或11岁就升入中学了。物理是初二的科目,化学则是初三的科目,政治也是初三的科目。

关于高年级的学习科目,应该指出的是,"进化论基本原理"显然就是生物课,进化论当然是被接受的。至于外语课,每周有4学时的课程。该学校教授的外语是俄语,其他中学则是俄语或英语。

我们想看看语文课本。这是一些约150页的小书,还包含一些外国作品,几乎都是俄国作家的某些作品片段。

我们对历史学的教学大纲特别感兴趣,于是我们了解到更多的相关情况。高中历史课程的教学大纲如下:第一年教授世界近代史,第二年学习国家历史,第三年是中国现代史。我们想要考察一下学生掌握的程度,校长就叫来3位三年级的学生:2个男生,1个女生。我们询问他们有关世界近代史的一些问题。在回答前,他们说这是第一年的科目,所以大部分知识都忘掉了。

我们还问他们知道哪些外国文学作品。女孩回答说她读过《死魂灵》,并给我们准确概述了此书的大意。

随后,我们表示希望能到各个班里看一看。每当我们进入一间教室时,尽管校长示意大家继续上课,但课堂依然中断了,学生们站起来不断地鼓掌。我们站在一边,听了几分钟的课。当我们离开的时候,要面对新一轮的热烈掌声。

这些班级的学生数量非常多(平均一个班50—55名学生),女生通常占学生总数的五分之一或六分之一。教师也是男性居多。

高三的历史课(即中国现代史课)上,教师正讲到蒋介石反对中国共产党。教师讲着课,不时在一块大黑板上写着什么。他身后的黑板占了整面墙。学生们面前摆着翻开的书,边听课边记笔记。

在化学、物理、解剖学等课上,学生被分为4到5个小组,每个小组进行物理或化学实验。教师只是监督,并在学生有问题时进行解答。解剖学课程内容是关于人体心脏的，每个小组都配有一个塑料材质的心脏和一个真的牛心脏。

由此看出，理科科目的教学是根据最现代的标准进行的。

接着我们参观了设备齐全的科学实验室。我们经过教师办公室时，看到里面共有3位教师正在等着上课。一个人站在一边读书，另外两人在窗户旁聊天。图书馆的藏书也很丰富，藏书超过4万册，其中还有英文、法文和俄文书籍的书架。在英文书籍里，我们惊喜地找到了克罗齐关于历史唯物主义和马克思主义经济的译本。

我们还想参观宿舍和食堂，但是时间不够了。我们只能去天台看学校的全景，在那儿还看到周围的许多建筑、花园、实验田、学生种植高粱和棉花的小块土地、运动场等。或许我们更希望能参观一所普通的学校，让我们了解中国中学的平均水平。但是，这次参观，让我们了解到中国中学教育的标准，还有中国最先进的中学实验所能达到的效果。

（黄华珍 译）

阿达和中国女学生

（拍摄于 1955 年，贾忆华供图）

新中国的"上镜性"悖论

翁贝托·巴巴罗[①]

  "Fotogenia"(上镜、上相)这个新词,与两位大胆的电影美学先驱者相关,由里乔托·卡努多(Ricciotto Canudo)发明,再被路易斯·德鲁克(Louis Delluc)推广开来。这是一个迷人的词汇,倾向于替代(当许多著名的美学家否认自然美的存在并推广这一观点时)"美"这个词和概念。也许正如人们所知,有了上镜技术,我们就脱离了美学上的严密性。无论从哪个拍摄角度,在哪个镜头前,每张面孔、每个人物、每个国家都可以同样地印在胶片上。也就是说,有了胶片这种敏感性材料的支持,没有人可以享有特殊和专有的权利。就拿多年前的女演员葛丽泰·嘉宝(Greta Garbo)来说,她是世界公认的美的化身,但她并不上相。斯蒂勒(Mauritz Stiller)只相信自己的摄像师能拍好她,而塞伯(Guido Seeber)作为当时世界上最好的摄影师之一,在拍摄了八个试镜后,宣布无法将她拍好。这样说来,如果不是帕布斯特(G.W.Pabst)对上镜性坚决持怀疑态度,这位著名的女演员就会被埋

---

  ① 翁贝托·巴巴罗(Umberto Barbaro):作家、电影工作者。著有小说《冷光》、专著《电影:主题与剧本》《当代绘画合集》《电影与现代人》《电影的诗歌》;拍摄纪录片《亚得里亚海的船坞》《最后的敌人》《卡拉瓦乔》(与罗伯托·隆吉合作)、《卡帕乔》(与罗伯托·隆吉合作);译著包括普多夫金的《电影与有声电影》和《电影演员》,沃尔夫林的《走近艺术品》,弗洛伊德的《最后的随笔》。(译自特刊附录的作者简介。)

没了。

但事实上，当我们说一个女人美丽的时候，我们非常清楚并且全都理解言语所指。而当全世界的电影人继续使用"上镜"这个词的时候，他们也能理解彼此的用意。

还有许多人不再相信瓦萨里（Giorgio Vasari）所说的，即佛罗伦萨山丘的清新空气是艺术家创作力的决定性因素。又如公认的那样，沃尔夫林的地方形式感理论，不幸成为纳粹法西斯将丑陋的民族偏见应用在艺术史上的前奏，应予否定。

电影《自由万岁》里和著名摄影师费加洛（Gabriel Figueroa）镜头下那耀眼的墨西哥并非来源于烈日，而是受爱森斯坦（Sergei Eisenstein）和堤塞（Eduard Tissé）拍摄的墨西哥的影响。

马克思主义经典对这些问题有明确的看法。当谈到上层建筑和国家问题时，地理因素几乎是无关紧要的，其他所有因素最终在历史中得以解决。

因此，要谈论中国和中国人的特殊上镜性是一个悖论。然而……

去年九月，当我和自己所在的意大利代表团一起乘坐飞机穿过西伯利亚，朝着太阳升起的地方飞行时，我觉得其他感官的知觉都被削弱了，只剩下视觉在无限扩大，我内心的所有欲望就只剩"观看"而已。就像电影中那种突然重生的奇异感一样。在蒙古国首都乌兰巴托的短暂停留，让我仿佛置身于普多夫金的电影《成吉思汗的后代》的场景中，这给我留下了深刻印象。我们就这样飞越戈壁沙漠、从朝鲜边境到广州。我"看"的渴望是如此强烈，希望客观地去看，几乎到了一种荒谬的程度。我甚至坚决放弃自己的视角，敢于违背自己的习惯,押上所有的赌注。我冒着去看却看不到,也看不懂的风险。最后,我总能自然地、轻而易举地找到正确的视角,我看中国的视角与我的世界观吻合。多么令人欣慰的发现!

在这段伟大旅程中,一个令人惊奇的地方是,我每天、甚至每一小时都感受到,这个疆域辽阔的国家里,有着拍摄一部好电影所必需的全部条件,甚至是最好、最适宜的条件。我已经太久没感受到对电影摄像机这般的渴望和怀念了。

另一个相关的惊奇印象是,这次旅程不是堆砌各种新知识,来使我的文化积淀变得沉重,而是一种有益又令人轻松愉悦的体验。这次旅行让我不断丢掉那些先入之见,包括偏见和一些陈旧的、错误的想法,这使我感到释然。一个最先消除的偏见是:中国是个很难适应,更难深入理解的国家。正因如此,每走一步,当我遇到非常内行的特派记者和在中国生活了多年的汉学家,他们总是说自己对中国知之甚少。他们中的一位说,需要在中国住上几年才能相信,就是一辈子住在这里也无法完全理解它。但我现在感到轻松和快乐,我相信他们说的是真的,不过他们说的要真正了解中国,可能是指深入了解中国几千年的文明。但是要了解今天的中国却不必如此,新中国是一个高度透明、能立刻被理解的国家。一个明澈的国家,一个上镜的国家。

我在中国卷轴画上看到过这些风景。现在,无论是在现实里还是在画面上,这些风景对我来说,都带着一种在时间上纵横展开(不管是莱辛还是他的《拉奥孔》)的奇异感。在纵向上它与哥特艺术相对,在横向上它与文艺复兴相对。鲜明的轮廓与明澈的天空形成对比,但没有变成书法的非现实主义。书法本身就是一种绘画。可以想象,在空气充盈的地方,在巨大的山脉和广阔的蓝天下,我仿佛能闻到杏花淡淡的香气,看到鸟的羽毛和人像。

无论是现实的风景还是绘画中的风景,都挑战了西方艺术史的传统范式和基本概念,首先是线性传统和绘画传统。

或许,那幅画、那片风景的奥秘及本质,都在其连续性和动感中？电影不就是描绘这风景的最好形式吗？将全焦点摄影与非自然手法的欧洲摄影融合在一起？就像伟大的艺术家乌巴尔多·阿拉塔(Ubaldo Arata)在电影《罗马,不设防的城市》中所应用的手法那样。

这个国家的每一片风景都值得拍成电影。

画家埃内斯托·特雷卡尼灵敏的双手下诞生了许多人物和城镇。他画得很快,以至于像卢卡·焦尔达诺(Luca Giordano,又名Luca Fapriesto)这样的画家都会相形见绌。特雷卡尼跟智利画家万徒勒里(José Venturelli)一样,也致力于将当地的特色技法融入艺术创作中,如使用特殊画笔、宣纸和丝织物。两位画家的创作都取得了出色的效果。但是因为画面太僵硬、太凝滞,也有不尽如人意的地方。勾勒图像时,为了减弱运动效果,可能有时就减少了生命力。灵感迸发的一瞬间被阻碍,就好像是一只在地上的飞鸟,腿伸在空中,突然被射手的双管枪打中的感觉。特雷卡尼作为一个自觉的、难以满足的艺术家,在刚刚完成画作后就生气地撕掉不少草图,便证实了这一点。

可是,在一部解放战争背景下,游击队和中国女性的精彩影片中,那些流动性的画面是多么忠实地展现了中国的风景呀!①

但是即使没有艺术作为媒介,中国的万千风景在我眼中也是真切和清晰的,任何组成部分都是独一无二、不可替代的。就好像在刹那间,异常复杂的中国游戏被揭开了谜底。各个小木条只有按照唯一的组合方法才能扣合在一起,解决方案却好像有成千上万,最终解决它不是依靠数理逻辑和概率计算,而是依靠直觉来准确无误地完成。

中国男人和中国女人跟你我一样,可能只是更安静、更友善。他们非常上镜。女孩们就像随时准备拍摄的女演员一样,脸上都涂着一层薄薄的蜜丝佛陀的化妆品。有可能是她们使用的、在每个洗手台上和香皂放在一起的润肤霜,或者是我们刮过胡须后用来敷脸、这里的人们饭后使用的热毛巾,再加上浅色皮肤,才让女孩子们的脸颊显得那么光滑紧致、完美无瑕吧。

他们动作流畅而和谐,或许是因为他们从小就学习舞蹈,而这种动作上的内涵似乎赋予了他们更强的表现力,就像电影中要求的那样。

我在观看中国和苏联的足球比赛时感到愉悦。球场上的球员们有着惊人的敏捷性,射门、投掷,球在两扇球门间滚来滚去,在球员们的脚下来回传递。观众席的观众们也热情高涨,当中国观众为中国队的进攻热烈鼓掌时,也有一些苏联观众会发出没有恶意的玩笑话:"等等!"精彩的球技或是射门都会引起双方观众的欢呼。这场足球

---

① 文中电影名为 *Le ragazze della Cina* (中国姑娘)。——编者注

比赛上观众的表现，对受足球彩票和新闻媒体负面影响的意大利观众来说，是一个文明的课程。意大利新闻媒体希望体育狂热可以使意大利年轻人从亟须解决的任务中获得片刻解脱。当然这个话题涉及面比较大。

通过与这些中国人谈话我确认了我的印象，他们跟你我是一样的。在不同的皮肤下，流淌的血液都是鲜红的。吉卜林笔下的巨蟒的口头禅总是出现在我脑海："你和我流着同样的血……"

但是……语言呢？在上海电影制片厂，我观看了电影《偷自行车的人》。汉语配音与演员的口型完全吻合，中国观众笑和感动的时刻与我们的观众相同。尽管所有开始学中文的人都认为它难，我要不要说这是一门相当简单的语言？我打开一本语法书，看到这样的话："如上所述，作为一门语言，汉语非常简单，学习起来没有任何困难；为了能有效掌握这门语言，只需记住尽可能多的字。"

对于那些从报纸和纪录片上看到毛泽东的人来说，也许认识不到他留给人的深刻印象。而当他们看到毛泽东在"十一"阅兵游行中向看台上的宾客挥手致意的伟大形象时，这位伟人刻在他们脑海中的鲜活印象，就难以忘怀了。

中国在这个社会主义过渡时期是透明的。它的问题看上去简单，让人们相信仿佛解决起来也很简单。

当人们听到从旧社会逐渐过渡到新社会，还要吸收过去最好的传统时，会以为这个过程迟钝且缓慢。但是我们在中国却看到，向社会主义迈进的速度是不可思议的，是迅猛的飞跃。

在这方面，新中国是上镜的。关于中国的每部电影主题可能都是清晰的。正如对于那些有意愿和勇气说实话的人来说,关于这个民族的真相也是清晰的一样。为了寻找正确的发展道路,为了寻找自己的道路来解决自身的问题,这个民族肩负着五亿人的重任去追求和平、进步和自由的事业。

（郑梦琦 译）

北京颐和园

（拍摄于 1955 年，贾忆华供图）

北京颐和园

（拍摄于 1955 年，贾忆华供图）

展览与博物馆

弗兰科·贝兰达[1]

我们已确定于明早启程,这样的话我们还能在北京待一天。我无意中得知还有机会参观敦煌石窟壁画展,所以又回到故宫。

近两年,北京举行了上千次展览,有不少次是在故宫华丽的宫殿、庭院和花园里举办的。这些地方旧时是皇室贵族奢华的居住场所,现在则变成广大人民有机会拓展知识的地方。展览涉及考古、艺术、科学、社会现象、革命史、技术和反帝国主义侵略的斗争及抗美援朝等广泛题材。

这些展览题材多样,却有着共同的主题:人民群众长期以来反抗自然、反抗压迫者、反抗落后的旧制度的艰苦斗争。

我认为从多方面来看,临时展览和博物馆通常是提高中国人民文化水平的重要部分。展览能让人们全面地了解历史,比较革命之前,中国改变了保存和使用典型艺术作品的方式,以便所有个体,包括受教育程度低的人,都得以一步步靠近全国的代表性文化,并主动参与到历史的复兴事业中。

---

[1] 弗兰科·贝兰达(Franco Berlanda):1921年出生于特伦托。毕业于建筑系。曾为杂志《美丽家庭》《家》《前景》和《城市规划》撰稿。在建筑师巴西和博斯凯蒂的协助下,出版《梯子》和《博物馆》两部专著。他是意大利全国城市规划研究所的正式成员。(译自特刊附录的作者简介。)

因为是专题展览,我本以为参观的人不会很多,但像往常一样,这次壁画雕塑展吸引很多人来参观。有的参观者在记笔记,有的人跟着讲解员,有的人抄写古代碑文和现代的书写符号。

参观展览后,很多人购买成套的明信片或复制品,它们再现了石窟中数千幅壁画中的一部分。

敦煌位于甘肃省西部的戈壁滩边缘、丝绸之路上,接近汉长城的终点。敦煌曾经是商业中心、交通要塞,也是推动文化发展的思想交汇地。第一个石窟是在公元366年的前秦时期开凿的。

在北魏、西魏、隋朝、唐朝和五代期间,这项工程一直在进行,而在宋朝、元朝和明朝进展不大。

虔诚的佛教信徒开凿了近500个石窟进行供奉,香客和信奉者捐赠珠宝、毯子、丝织品、画作、佛像和雕塑。从普通的大厅到石窟,形状不同、大小各异的房间构成了一座“城市庙宇”。著名的艺术家奉捐赠者之命对它们进行开凿、装饰和加工。我不打算特别描述这些石窟,我只想说它们是集壁画、雕塑和建筑于一体的、世界上独一无二的典范。

整座山被凿成了很多石窟,它们顺着山坡延伸,汇成一座城市。山尽头是广袤的平原,一条河从那里流过。在山的附近,人们建造了瑰丽精妙、风格各异的宫殿、房屋和庙宇。得益于当地的干燥气候,壁画得以完整保存。但因为地处偏僻,参观不便,所以观众较少。

于是,人们便探讨如何收集、复制、整理这些古老壁画,并把它们运送到中国的首都。近几年,有专门的研究所组织了大批专家和学生来进行这项工作。

人们对中国文化遗产的关注度逐年上升。艺术展览从未像现在这样受欢迎。在世界上的其他任何地方,艺术展览都没有得到这么多的关注。其他展览也一样成功,内容涉及时事、少数民族生活、为争取和平的斗争、为援助受帝国主义侵略的国家而进行的斗争。此外还有关于中国人民革命胜利的文献资料展,关于苏联和人民民主国家等友好国家的生活、生产和社会成就的展览。这些展览的成功也是时代的标志。

还有一些是关于淮河和黄河的伟大工程、新中国工业化、新型交通以及近代建筑成就的展览,同样大受欢迎。

在故宫里举办的所有展览,都显示出这个古代帝王之地的新特征:它成为广大群众的文化和教育中心。这是全中国在政府的大力推动下进行变革的典型现象。这样的趋势在各地都能见到。我想到上海文化宫,那里用一层楼来展示1919年到新中国成立以来三十年的民主运动史。我还想到在广州参观的展览。其中有个展览是在山上的大博物馆内,展览主题从该地区的史前文物到楼上展出的各时期的城市历史,重点展示了现代发明的起源与发展,尤其是交通、通信(火车、航海、电报等)和精密科学领域,最后以1911年资产阶级民主革命结束。另一个展览在广州市中心、广州革命委员会所在地举办,纪念革命时期的英勇战士和烈士,规模虽小但更打动人。还有一个展览在以前的孔庙,这里开设了中国第一个农民运动讲习所,展出的家具、讲义和照片,以最简单的细节再现当时革命者的生活。那个动荡的时期对于其后历史发展是很重要的。

人们为收集材料付出的努力,特别是他们整理材料的能力,给人的印象最深，令人赞叹。他们思考这些材料的教育意义，将其转化为强有力的教育手段。

国家重视修复古建筑的细节。中国古建筑的特色是在木质材料基础上进行艺术加工，因此需要重视对其保护和翻新。恢复原有的色彩和装饰是修复者的一项主要任务。

修复过程不仅为了展示隋唐艺术与北魏艺术的不同表现形式，不只是让成百上千的艺术家去绘制或复制画作，不只是为将这些丰富的形象艺术素材用于今天的作品，更是为了重新评价人物形象的价值并发现其深刻的现实主义内涵。同时，也为了更好地了解近五百年以来各时代的风俗习惯。

总结本次及先前的几次参观，我希望意大利在考虑博物馆和市政展览的管理工作时，能够带着更多的情感。对文物的有效保存、安置和整理，当然不是一个新发现，但这项工作规模之大却是最打动新中国的参观者的。我们也有档案馆、画廊和博物馆，但预算少得可怜，靠运气才能拥有展览场地，它们的展出多么冷清，特别是它们多么缺少与广大人民群众的联系呀！

当我试图将我们看过的中国历史、政治展览与意大利所有城市都缺失的抵抗运动博物馆进行抽象比较时，当我想到北京的故宫里详细陈列的回顾皇权时代社会生活的物品时，当我想起那些本应属于意大利人民却被王室占有而无法进行研究的珍贵文献时，当我看到最珍贵的绘画和艺术收藏品以最自由、最民主的方式与人们产生直接接触，想到意大利的许多私人收藏品被走私到国外时，我只能深深地赞美新中国的文化政策。

中国让博物馆不仅成为劳动人民娱乐和休闲的方式，还使其成为文化提升体系的探索途径，引导大家系统思考，了解和热爱自己的国家。

现在，中国人民同样努力地准备扫盲，推动广大中国人民使用统一发音的语言，使用简化汉字。

我们的国家拥有几乎同样深厚的古代文明。在这个国家，有一小部分人热衷于电视猜谜节目，公共教育的预算引发了持续多年的全国性的教师罢工，博物馆少、资金少，古迹的保护总是问题重重。参观中华人民共和国的成就具有重要意义，它让我们意识到，我们有责任保护意大利的遗产和艺术文化传统，我们应该保护、发展和传播自己国家的文化，使它成为广大民众的教育工具和培训基地。

北京，1955年10月29日

（刘祥君 译）

皮埃罗·卡拉曼德雷夫妇
（1955年拍摄于北京故宫，贾忆华供图）

代表团成员参观中
（拍摄于 1955 年，贾忆华供图）

一个二年级小学生的心里话

皮埃罗·卡拉曼德雷

西尔维亚是一对意大利记者夫妇的女儿，他们一家三口在中国生活了快3年了。1953年9月，西尔维亚刚来中国的时候才6岁出头，现在她已经8岁多了。西尔维亚在一家私立小学上二年级。在中国，孩子们年满7岁才可以上小学。本文内容都是西尔维亚讲给我后，我基本按她的原话写成的，它记录了一个意大利小女孩是如何从内部看一所中国小学的。

西尔维亚在中国生活的第一年，在少年之家学习，跟其他小朋友学会最简单的中文词语。为了与老师交流，她还用了一些英文。现在她的中文说得很好了。

她所在的学校在新中国成立前只是女校，现在变成男女混合学校，不过女生占大多数。学校分为6个年级，每个班最多招收60名学生。因为一年级、五年级和六年级的注册学生人数超过60人，就分成2个班。西尔维亚所在的班级有20来个男生，男生和女生的课桌是分开的。

教师队伍由1名校长和10名老师组成，其中有一名是体育兼音乐老师。老师固定教同一个年级，这样学生们每年都会由不同的老师来教。

孩子们早上 7:50 到校。每节课 45 分钟,第一节课从 8:00 到 8:45,课间有 15 分钟,依次类推。学生们可以在院子里玩耍、做操。每天第一节课写汉字(用铅笔),学生每年学 500 个汉字。现在(指 1955 年 10 月,西尔维亚开始上二年级)西尔维亚已经学会了 600 多个汉字。每周一上午 9:00 到 9:45 有美术课(西尔维亚说,他们画"星星、旗子和花")。除周一外,每天都有算术课,第一节课学习加减法,第二节课学习乘除法。接下来的时间练习书法或合唱。

高年级学生(五、六年级学生)12:00 到 12:45 也要上课。低年级学生从家里带来便餐,12:00 在班里吃午饭。夏天午饭后,孩子们趴在课桌上睡觉,有人带了枕头。但西尔维亚不习惯用枕头,而是趴在硬硬的课桌上睡,因为"跟别人不一样不太好"。这些日子,吃完饭后,西尔维亚负责给一个生了病、需要赶学习进度的小女孩补习功课。下午 1:30 午休结束后,孩子们开始上体育课(跑步、球类游戏、节律运动)和音乐课(合唱、学唱儿歌)。学生们有时候下午 2 点放学,其余时间下午 3 点放学,因为还要写 1 小时汉字。

每天放学后,有一组学生留在学校,组员们在组长的带领下,打扫教室、擦拭桌椅。各组轮值劳动。

星期六下午没课,上午第三节是戏剧课(学生们学习跳舞和喜剧表演)。

去年(1955 年)西尔维亚的班级表演了《灰姑娘》,她是小组长,被安排演继母。她在其他剧目中扮演过狐狸、小白兔和自负的燕子的妈妈,她说自己更愿意演反面人物,因为"更难演"。在喜剧和舞蹈中,男孩子和女孩子们穿上自己准备的服装。西尔维亚似乎对戏剧表演很感兴趣,她当上了组长,要组织15个孩子参加班级演出,包括5个男孩。

只有五、六年级才有历史课和地理课。

第一节课上,孩子们在学写字前先要学一套字母表,它由十六个基本符号组成,有助于读汉字。老师最开始教的字词是"一""学习""学校""学生"。

在北京,除了公立学校,还有苏联的私立学校和天主教学校。记者的孩子通常都去苏联的学校学习俄语。在天主教学校,学生学习法语。

在这所学校里,大部分学生都是工人子女,家里经济条件较好。孩子们步行去上学,离学校较远的坐三轮车去。有的孩子由母亲陪着,有的自己上学。有时老师会召集父母们开家长会。

一学年分为两个学期,从7月到9月是暑假,寒假则有20天,期间会庆祝春节(按照农历,春节的日期每年有变化)。

每学期末有考试,分为笔试(语文和数学)和口试。分数从0分到5分不等。每个孩子一年要交15元的学费,但每组中学习最好的孩子会免除一部分学费。考了高分的西尔维亚受到表扬,获得一枚红色奖章,上面写着校名和1955年的日期。当你和她一起走在北京的大街上,所有的孩子都会因为这枚奖章而停下脚步,羡慕地看着她。

我问西尔维亚进教室时怎么跟老师打招呼,"我会鞠躬,因为我还没到参加少年先锋队的年纪"。

这些内容是西尔维亚去年10月在北京给我讲的。我刚刚(1956

年4月21日)收到西尔维亚4月9日写的一封短信,信中补充说道:"现在我有三天春假。明天学校会带我们去碧云寺,就在北京附近的一座小山上"。

"我们班被分为四组,每组有一个孩子当记者。但我不是记者。前天我们在学校举行了体操比赛。我参加了接力跑,但我们输了。我们班有一组要做西洋镜,我是组长,我们很快就要把西洋镜做好了。"

(刘祥君 译)

西尔维亚(贾忆华,三排左起第九位)在中国上幼儿园的毕业照

(1954年拍摄于北京,贾忆华供图)

少先队员西尔维亚(贾忆华)与中国同学的合影
（1956年拍摄于北京，贾忆华供图）

附 录

译后感①

南开大学意大利语系学生

  通读要翻译的文章后，我不禁感叹《桥》创刊人的伟大，敬佩所有为中国特刊《今日中国》的出版作出贡献的人。在当时意大利的社会政治背景下出版中国特刊并不是一件容易的事情。有这样一群人坚持不懈地努力，让一个崭新的中国得以呈现在意大利人眼前，使他们能够从多种角度了解中国。这不禁让我想到在意大利交流学习时，我发现意大利文学史17至19世纪的著名诗人、作家、剧作家的很多作品，还未译成中文。中国对意大利文学的引进和翻译还远远不够，这也让我产生成为一个文化传播者的想法。借助这次翻译实践，我了解了中国特刊创办的过程，坚定了日后从事文学研究和翻译实践的目标，更深地体会到语言在文化传播交流中的强大力量。

  翻译是一项颇具魅力的活动。将一种语言翻译成另一种语言，为大众提供阅读外国作品、感受外国文化的机会，增进不同语言国家

---

  ① 2020年，在杨琳和乐小悦指导下，南开大学外国语学院意大利语系2017级全体同学，在实践教学课上，对1956年《桥》特刊《今日中国》文选进行初步翻译。本节摘录每位同学参与翻译工作后写下的感想。同学们的译后感意大利文版发表于2020年《桥》特刊《中国与〈桥〉：65年之后》，参见 "Impressioni di lettura dopo la traduzione degli articoli di *La Cina d'oggi*", in Silvia Calamandrei (a cura di), *La Cina e il Ponte: sessantacinque anni dopo*, «Il Ponte», n.5, settembre–ottobre 2020, pp.36–46.

和地区的沟通和了解,减少因无知而带来的误解和偏见,是翻译在文化交流中的价值与意义所在。

(曹熙铭)

在阅读、翻译文章的过程中,我惊奇地发现,关于中意交流,还有这么多不为人知的生动故事。从这些意大利学者笔下,我了解到一个独特的中国形象,这不仅是文化、政治、社会差异的碰撞,更是鲜活而独具特色的时代印证。他们以不同的视角记录了当时的社会风貌、解读了一段中国历史,这件事本身就具有重大意义。今天我们翻译这些文章、这些宝贵的记录,又有着异曲同工之妙。换句话说,意大利学者"看中国",在文章中留下对中国的印象,而我们又通过这些文字材料"看意大利",从侧面了解当时意大利人对我们的看法,以及意大利人的文化、政治观念。自古以来,中意之间就互相保有"善意的好奇心",以此为起点,延伸出交流之史,沟通之路,更延伸出珍贵的友谊。我想,我们可以通过这本特刊,窥见中意交流的宝贵一角。

(韩文琪)

在《桥》特刊《今日中国》的翻译工作中,我负责前言"马可·波罗桥"和卡洛·卡索拉的"一所中学"这两篇文章的翻译。这份特刊记载了1955年意大利文化代表团到访中国的所见所闻、所思所想。在对中国多地的实地考察中,在与中国人民的交流沟通中,作家们将其对中国人民的深厚友谊,对中意两国间政治关系、经贸关系和文化关系的思考写下来,形成了这份特刊。

中意两国正式建交于1970年,在此之前,中意多次互派文化代表团。1954年、1955年意大利文化代表团前往中国考察。正如"马可·波罗桥"一文中提到的："在此之前,也就是说在政府和唯一的、真正的中国建立外交关系之前,文化上的交流不需要等待官方的介入就可以开辟道路:研究院、大学、科研机构、出版社、戏剧和艺术团体,以及学者和艺术家个人,只要他们愿意,就可以立刻以个人之力开始交流。现在,对于这样的交流,外交部门即便不反对,也没有给予更多的助力。"1955年意大利文化交流团在访问中参观中国的名胜古迹和艺术收藏,参加中国的国庆活动,研究新中国社会改革的专业领域,如钢铁工业、矿业、农村合作社等,还调查采访许多专家、官员,发放大量调查问卷。他们回国后将这些成果以多种形式记录下来,影响意大利民众对中国的新看法、新期待:在马可·波罗曾经到访过的遥远国度,那里的民众与我们有着同样的需求、同样的渴望。文化交流是中意两国之间交流沟通的重要方面,对于促进中意两国建交有着重要作用。

正式建交后,中国和意大利之间还发生了许多动人的故事。2020年,是中意建交50周年,祝愿未来中意两国的友谊长存、万古长青!

(黄华珍)

1956年意大利期刊《桥》特刊《今日中国》对中意文化交流具有重要意义。特刊的出版不仅象征着中意之间的深厚友谊和友好交往,还为意大利人民提供了一个了解当时中国发展和真实状况的窗口,展示了新中国成立之后取得的巨大成就和翻天覆地的变化,同时也有利于其他国家与我国的友好交流与合作。

一段1955年的中意文化交流佳话,在新的时代背景下再次绽放光芒。翻译本书的意义不仅在于将一种语言转化为另一种语言,让读者可以用母语阅读,更重要的是它承载着中意两国的情谊,不仅对当时的意义重大,还有利于当今两国回望历史,展望未来,不断巩固和发展双边关系,将中意友谊升华到新的高度。

(郑天惠)

《桥》特刊《今日中国》是1955年意大利文化代表团受邀访问中国后所作文章的合集,它向西方世界的普通民众展现了当时中国的真实面貌。于中国而言,所谓今日,实则历史,《今日中国》更像一本珍贵的用于研究新中国的历史史料,便于我们站在第三者的角度观察新中国成立初期的经济社会发展状况、国际关系状况以及西方国家对中国的看法。在阅读和翻译的过程中,历史知识与文化背景的积累必不可少。翻译并不是机械地将一门语言转换为另外一门语言,如果没有对双方历史概况、文化习俗、人文风情的了解与沉淀,就无法很好地在两种语言间进行自由转换,翻译出的内容也是苍白无力的。例如在皮埃罗·卡拉曼德雷先生撰写的"看长城那边"一文中,如果只是对中国历史有大致的了解而对意大利的历史全然不知,就很难明白作者在讲什么,也就无法体会和翻译出文章的深刻含义。因此,学习语言的同时,更要了解该国的社会发展和历史文化状况,以便更充分、更准确地表达原作者的所思所想,促进两国文化的交流共享。

(魏薇)

通过翻译"中意文化关系"这篇文章,我对新中国成立后到中意两国正式建交前这段时期的中意文化交流史有了进一步了解。2020

年是中国和意大利建交50周年,在此时间节点对两国间的文化交流发展过程进行回顾和学习,有助于我进一步思考和理解当今历史背景下的中意关系,思考作为一名外语学习者如何尽自己的微薄之力推进中意两国间更密切的文化交流。在翻译的过程中,我更加深切地感受到作为一名外语学习者的责任。文章中作者提到,新中国成立初期,通晓意大利语的中国人和了解汉语的意大利人都很少,大量中意两国的经典著作无人翻译,或者需要借由第三种语言进行翻译。而现在,学习汉语的意大利人和学习意大利语的中国人越来越多,两国的文化交流越来越密切,两国著作的译本也越来越多,这离不开国家间合作的不断开展和深入,也离不开一代代学者、译者筚路蓝缕的努力。学术和文化交流不见得产生立竿见影的效果,但却具有巨大的力量和深远的影响。如今,在中意文化交流领域仍有很多可挖掘的宝藏资源和需要去填补的空白,我们作为新时代的外语学习者也应该付出自己的智慧、创意和努力,为中意文化交流作出小小的贡献。

(袁梦晨)

路易·艾黎先生在中国甘肃山丹生活多年,他熟知中国文化,翻译过许多中国诗歌和文章,他所创办的培黎工艺学校促进了中国的工业发展。正是由于他作出的卓越贡献,路易·艾黎先生被誉为"中国的十大国际友人"之一。

在"亚洲世界与拉丁语世界"这篇文章中,路易·艾黎先生从中国的秦汉时期讲起,讲到如今北京的琉璃厂大街,展示中国文化及中国与拉丁语世界之间的联结,涉及历史、文物、地理、文学等方面,史料有趣、新鲜。他所介绍的这些内容可以加深意大利人对中国的了解，为意大利人搭建了一座通往中国文化与历史的桥梁。意大利人既能在其中发现他们的老朋友——马可·波罗和利玛窦的身影，也能撷取更多中国文化的精华。此外，他对中国文化和中意交流的学识储备惊人，连我这个中国人也甘拜下风，在翻译时不得不经常查阅资料，以确定他所引用的一些生僻的概念。我相信，中国读者也能在其中有所收获，发现一些有趣的历史碎片。

（刘敏茜）

这是我第一次以非常严肃认真的态度、高标准的要求进行长文的翻译实践。在这个过程中，我的笔译能力得到了磨炼，了解到新中国成立初期欧洲（特别是意大利和法国）的知识分子和记者对中国的看法，感受到当时的时代氛围和对新中国、中国共产党或先进或陈旧的观点。作为译者，我不需评判这些观点正确与否，但作为新时代的中国青年，我认为应当以此为鉴。欧洲中心主义、民族偏见等是不公正的，但如果没有强大的实力，我们也只能屈从于这些不当的观念之下，受到帝国主义的欺压。同时，开放的交流也必不可少。我所翻译的文章的作者，以实际经历驳斥了部分法国和意大利记者报道中对中国的错误评价。沟通带来理解，差异亦可共存。语言在其中起到了重要的作用。作为一名意大利语学习者，我想自己身上有着这份为中意交流做出努力的义务，也当磨炼更多的实际本领，在今后有所担当。

（王逸霏）

1955年，应中国人民对外文化协会的邀请，意大利文化代表团赴中国进行考察访问。由此形成的《今日中国》特刊,通过刊登团员在此次中国之行中的见闻,描绘了意大利人眼中的新中国图景,成为六十多年前中意沟通的一座桥梁:一个全新的中国,通过意大利来访者的眼睛和文字呈现出来。翻译这些文章,在我看来,也使我们翻译者成为中意文化交流的桥梁。它不仅在空间上将今日的中国与意大利再次连接,使我们看见意大利作家笔下的新中国样貌,还在时间上将当下中国与新中国初期连接,意义更为深远。

这次翻译使我通过异国的文字,来观察一个意大利人笔下的中国。文章的标题虽然是"中国的自然与人",但是涵盖的内容却极为丰富,作者所观察的不仅是中国的自然,更是伫立在这片土地上的社会。作者对于中国地理的讲述,使我相信他在此次访问之前对中国已经有所了解,甚至是有所研究。作者并没有带着西方人惯常的偏见来审视这个国家,他是带着求知的心情来观察这个社会的。在翻译的过程中,我印象尤为深刻的是,作者始终在强调西方学者在研究中国问题时,应该注重中国学者对于这些问题的研究,这或许只是一个学者本身应该具有的素养,但是我从中真切地看见谦逊的影子。作者还强调对中国的研究,不能只是停留在现在,更要考虑到过去的影响。作者对于中国自然地理的思考没有停留在表面,而是深入地概述中国的地理环境对中国文化的影响,让读者能够更好地理解文中所介绍的中国社会。

在我看来,《今日中国》无疑是新时期的《马可·波罗游记》。代表团成员们通过亲身经历,来观察和思考中国的方方面面,促进了中意文化的交流和碰撞。本次对文集的翻译,也在更新和完善这座沟通的桥梁，让我们了解到多年前意大利学者对中国的审视和思考。我非常幸运，成为这座桥梁的泥瓦匠之一，为中意文化交流贡献自己的一份力量。

（张欣怡）

这是我学习意大利语三年以来，第一次以工作的形式进行文学作品的翻译。这是一个很好的精进自己语言水平、提升专业素养的机会。翻译中会遇到各种语言上的问题，为了保证翻译质量，只有反复斟酌思考，这个过程，本身就是提升能力的过程。翻译是一项长期的工作，要考虑到方方面面的内容。它是一份工作，更称得上是一份责任。既然已经决定去做，那就一定要尽可能把它做好，不辜负作者写这本书、这篇文章的热情。而且我们身为意大利语专业的学生是有责任这样做的，小到语言沟通，大到文化传播，只有从细微处做起，不断积累，才能真正地实现促进文化交流的目标。

（殷瑞晗）

2020年，恰逢中意建交50周年，是中意交往的重要节点。2020年中意两国携手抗疫，中意人民守望相助，中方捐赠医疗物资，派遣医疗队，这些举动都让中意两国之间的情谊更加深厚。参与这本文选的翻译工作，不仅可以为研究新中国的发展和中意两国关系的发展提供资料，而且还是对中意建交50周年的献礼。

（朱芮）

我意识到，这看似简单的一篇翻译，实际上也是中国和意大利两国文化交流的见证。翻译的过程让我穿越历史触摸到两国之间的情感流动，也让自己充满获得感。

　　我印象比较深的是在翻译最后一段文字时,感觉到自己渐入佳境,翻译成"但我并不是唯一一个看到它,担心它的人。一条小船从岸边驶出,进入护城河,无声而迅速。鸽子被温柔地捡起、擦干、爱抚,直到它颤抖着摇了摇翅膀,重新展翅飞翔,飞向高空。注意到这一幕的所有人都笑了,感到满意。有人高兴地拍手。不,那天,当这个大国的每个人都微笑时,连一只小鸽子的生命也不能忽视。"①虽然我译出的语言可能仍然不算最好,但是相比一开始的不知所措,我觉得自己的能力还是得到了锻炼。文末的话,让我感受到作者深深的人文关怀,以及当时一个意大利人眼中的,同样充满了人文关怀的中国人。我为同胞感到自豪,也为中意民间的心心相通而喜悦。

(罗怡)

　　由于所译文章和这部选集的重要性和特殊性,在翻译过程中,要求我们在通读文章、理解文意的同时,也要了解中意文化交流的渊源。不仅要提升语言能力、积累翻译经验,还要更多地理解意大利文化以及意大利人眼中的中国形象,并思考产生的原因和文化背景,深入探究现实意义和时代价值。2020年为中意建交五十周年,中国与意大利近年来的交流日益密切。我在翻译过往文本的同时结合现实,通过了解当时的文化交流活动和交流方式,去思考在中意建交五十年的今日,如何立足过去、展望未来,促进中国与意大利在当今时代的交流与合作,思考作为一名高校的意大利语专业学生,如何迎接挑战、把握机遇,在中意交流的浪潮下发挥专业特长,促进自身发展,

---

① 此处为译文初稿,经润色后用于本书出版。

为中意关系更上一层楼作出贡献。

（郑梦琦）

通过阅读论文"《桥》特刊《今日中国》的诞生历程"，我了解到该特刊从构想到实施是一个很艰难却充满意义的过程。《桥》特刊《今日中国》的设计可以追溯到1954年，特刊的编撰和出版过程，就是一次两国文化的碰撞和相遇。这些代表团的成员到中国游历后所著的一篇篇游记，也对中意目前的交流合作具有重要的借鉴意义和参考价值。在游历当中，新中国的面貌给他们留下深刻的印象，让他们得以代表意大利，代表欧洲和西方世界，成为深入中国社会和观察中国新面貌的见证者，成为两国文化的传播者。

（骆晓旭）

我在提前阅读相关材料为后续翻译做准备时，受到不小的触动。在浏览《桥》特刊《今日中国》翻译背景介绍时，这样一句话引起我的注意："欧洲应当与亚洲相遇，重新开始平等、自由的对话。让我们看看长城那边有什么。只要亲眼看一看，我们会发现那里有春天。"这是皮埃罗·卡拉曼德雷在文章"看长城那边"中的一句话。我个人非常感谢他们愿意主动去深入了解中国，在当时二战结束不久的背景下，中国的一切百废待兴，我们还未来得及向世界展示新的面貌，不少外国人对中国的印象还停留在落后的时期，而这些意大利代表团成员却愿意向我们迈出友好的一步，"重新开始平等、自由的对话"，意大利友人对我们的尊重、对国际关系的看法都是值得称赞的。同样也感谢来自各界的优秀人士组成的代表团来我国访问，将西方文化介绍到我国，也将我国的文化带到另一片土地，打破意大利人对中国的刻板印象,为中意两国的友好关系打下坚实基础。

在阅读了杨老师的文章"友谊是志同道合的结果"后,我也很感谢意大利友人能从劳动人民的角度出发,把构成中国社会的最主要群体的真实面貌用文字记录下来。再结合之前看到的《今日中国》的目录,里面多是一些关于农业改革、计划经济、女性权利等与老百姓密切相关的基本社会问题,他们到过的也是像学校、矿山等再普通不过的地方,由此可以看出意大利友人们是发自内心想要了解中国,想要和我们建立亲密友好的关系。后面再看"《桥》特刊《今日中国》的诞生历程"的时候,我再一次看到了意大利与我国交好的迫切愿望,也再一次感谢中意两国克服万难最终搭建了友谊之桥。此外,作家在撰写文章时的严谨态度(严格参照档案,采集多方面信息,请教相关领域专家等)值得我们学习。在本书前言"马可·波罗桥"中,作者也明确指出,通过特刊,他们想将中国人民的强大精神展现给世界,告诉所有人中国是一个伟大的民族。

在这次翻译实习中,我不仅扩大了词汇量,巩固了基础知识,掌握了翻译技巧,还培养了合作意识和思辨能力,更重要的是,我体会到了中意两国的友谊来之不易,也非常荣幸能够参与到此次翻译工作中。今后我将努力学习意大利语知识,为中意两国的友好沟通、合作出一份力!

(刘祥君)

后　记

　　自1955年意大利文化代表团访华并撰写本书选编的这些文章以来，至今已有六十余年了。在这一漫长的时期中，无论是中国和意大利的国内发展，还是两国在国际舞台中的地位，都发生了翻天覆地的变化。对两国来说最重要的变化，就是在中华人民共和国成立二十一年后，中意两国在1970年正式建交。1955年代表团成员和五六十年代的众多意大利知识分子所大声疾呼的，正是希望两国建交。

　　在当时的历史背景下，《桥》特刊极其重要的目的，就是帮助意大利读者更好地理解新中国——这只刚刚从封建主义和帝国主义中浴火涅槃的凤凰。如今，这些文章仍向读者们讲述着友谊与希望的故事。

　　今天，当我们再次阅读特刊中收录的文章，追溯20世纪中意关系变迁的历史，仍能引起我们的反思。不同于过去的隔阂与刻板印象，中意双边关系在今天是如此密切，很大程度上要归功于政治家和知识分子所做出的努力，他们扮演了文化大使的角色。他们致力于沟通两种不同的文明，不断发掘着新的叙述角度，他们是当之无愧的"桥梁"。

　　在启动这个项目时，杨琳老师和我必须做出一系列艰难的选择。

从《桥》特刊中选出要翻译的文章，绝不是一件简单的事，因为每一篇文章都很打动我们，都具有不可思议的现实意义。要是某一瞬间我们忘记这些文章是约七十年前的文字，我们会以为是在翻阅一本新书，仿佛是一些汉学专家的合作成果。我们对即将开始的项目充满热情。因为我们知道，不只是我们，我们意大利语系的学生们也将参与其中。正如1955年代表团有力地推动了中意关系那样，学生们在进行了长期的语法学习和翻译训练以后，也终于有了实战的机会，得以为两国的文化交流添砖加瓦。此外，我们还有幸赶上了一个特殊的时刻，2020年正是中意两国建交五十周年。我们不仅是这个重要历史时刻的见证人，还留下一份具体的成果，贡献虽小，但能让我们永远回想起这一时刻。

本书的翻译过程，对学生来说是一次成长的历程，对我们来说也是如此。杨琳老师和我根据学生的个人兴趣分配翻译任务，并为她们提供支持与帮助。事实上，尽管这些学生的意大利语水平已经很高，但由于我们在课堂上教的通常是为了促进他们与母语者沟通，这种口头语言与文学语言当然还有差异。此外，我们不要忘记这些文章写于六十多年前，作者们经常使用一些如今已不常使用的词汇，这些词要在最专业的字典里才能找到。如何翻译某个专业术语或是那些看起来不可翻译的特定文化概念，是我们面临的挑战之一，我们只有齐心协力才能克服困难。从某种意义上来说，我们的合作也成为一种跨文化交流了！

学生们尽其所能地完成任务后，还需写一篇翻译感想。我们欣喜地看到，全部15名学生都热情高涨，因为她们能以一种不同以往的新途径深入了解意大利；她们远离课本，沉浸在鲜活的语言中。我们为她们感到自豪。同样值得高兴的是，贾忆华女士摘录了学生们的翻译感想并发表在她主编的2020年的《桥》特刊上。我们觉得好像自己也成为1955年的访华代表团成员了：我们很平凡，却能够通过翻译成为增进两国友谊的文化使者！我们每天都向学生们讲述中意交往的动人故事，鼓舞他们成为中意文化的大使，我们所试图传达的观念正是跨文化性和包容性。

对我来说，有机会和贾忆华女士这样卓越的汉学家一同工作是很荣幸的事。我也得感谢杨琳老师，是她邀请我参与这个对我们两个国家的友好交流具有特殊意义的项目。我还要感谢学生们，感谢她们为翻译任务所付出的一切努力，感谢所有不眠的夜晚和共同欢笑的日子。

九年前，我来到中国并爱上了这个国家。今天，作为一名意大利语教师，我每天的工作就是为了向我的学生们传递对意大利和对不同文化的爱。中国和意大利有许多共同点，我们要努力让所有人明白这一点，这样才能打破刻板印象和隔阂，我想这也是编写本书的初衷。

2020年中国和意大利庆祝两国建交50周年，而2022年是中意文化和旅游年。祝福中意两国友谊万岁！希望我们两个国家的友谊万古长青！

乐小悦

2022年4月22日

（刘敏茜 译）